_______________ 께

_______________ 드림

2026

사순절 묵상집

우리의 옛사람이

그리스도와 함께 십자가에 달려 죽은 것은

죄의 몸을 멸하여서 우리가 다시는 죄의 노예가

되지 않게 하려는 것임을 우리는 압니다.

죽은 사람은 이미 죄의 세력에서 해방되었습니다.

우리가 그리스도와 함께 죽었으면

그와 함께 우리도 또한 살아날 것임을 믿습니다.

로마서 6:6~8, 새번역

부활의 은혜를 준비하는 40일

사순절은 헬라어로 '테사라코스테', 영어로는 '렌트(Lent, 또는 Lenten Season)'인데, 이는 봄을 뜻하는 고대 앵글로색슨어 레넨(Lenen)에서 왔습니다. 부활절을 앞둔 40일의 기간을 말하는 것으로 항상 수요일에 시작하는데, 이날을 특별히 성회 수요일(Ash Wednesday)이라고 부릅니다.

사순절이 이렇게 40일로 확립되기까지는 오랜 시간이 걸렸습니다. 본래 1세기에는 사순절이 단 40시간이었습니다. 이는 예수님이 무덤 속에 40시간 동안 계셨던 데서 비롯되었습니다. 3세기에는 6일로 지키다가 그 후 1년 365일의 10분의 1인 36일로 늘어났습니다. 그러다가 731년 샤를마뉴(Charlemagne) 대제 시대에 36일에 4일을 추가하여 오늘에 이르렀습니다.

40이라는 숫자는 성서적으로 '준비'를 의미합니다. 예수님은 광야에서 40일 동안 기도하신 후 공생애를 시작하셨고, 모세는 시내산에서 40일 동안 금식한 후에 이스라엘 백성을 이끌었습니다. 엘리야도 하나님의 산으로 가는 길에서 40일간 금식했으며, 이스라엘 백성도 40년간 광야에서 훈련받은 후에 약속의 땅 가나안으로 들어갔습니다.

특별히 사순절 40일은 예수님의 고난을 되새기며 부활을 준비하는 기간입니다. 이 기간에 우리는 자신의 인격과 삶을 돌아보며 주님의 십자가의 길로 나아가야 합니다. 그 구속의 길에 동참하기를 결단하며 날마다 훈련해야 합니다. 하루하루 충실히 준비하는 사람이 충만한 부활의 은혜를 누릴 수 있습니다.

유 영 설 목사

_ 여주중앙교회

CONTENTS

2·18

성회 수요일

회개로 나 돌아보기

마태복음 3장 1~9절

그 때에 세례 요한이 이르러 유대 광야에서 전파하여 말하되 회개하라 천국이 가까이 왔느니라 하였으니 (1~2)

'성회 수요일'은 사순절 첫날에 맞는 속죄일입니다. 속죄일은 1099년 교황 우르반 2세가 명명했는데, 회개와 참회로 자신을 돌아보는 날입니다. 성회 수요일을 '재의 수요일'이라고도 부릅니다. 여기서 '재(Ash)'는 회개를 나타내는 상징물로, 사제들이 신자들의 머리에 재를 뿌리면서 "너는 흙이니 흙으로 돌아갈 것을 기억하라."고 말하는 예식이 있었습니다.

오늘날도 로마교회 신자들은 재의 수요일에 죄를 용서받는 표로서 이마에 재를 찍어 바릅니다. 이것은 사순절이 회개와 참회의 시간임을 뜻하는 상징적 의식입니다.

또한 사순절은 금식의 기간이기도 합니다. 재 위에 앉아 모든 욕망과 집착을 절제하면서 회개에 집중했습니다. 그래서 사순절 첫날을 금식 시작일(Beginning of the Fast)이라고도 합니다.

예수님도 공생애를 회개로 시작하셨습니다. 임박한 천국을 알리며 회개를 외치던 세례 요한에게 세례를 받으심으로 당신의 사역을 시작하셨습니다. 그리고 공생애 내내 질병 치유보다 죄의 문제를 중요하게 여기셨습니다. 이는 인간의 불완전성이 죄에 근거하기 때문입니다.

죄는 하나님과 인간 사이를 멀어지게 합니다. 또한 자기 자신은 물론 타인과의 관계도 파괴합니다. 그러므로 그리스도인은 죄 문제에 민감해야 합니다.

사순절은 상한 갈대를 꺾지 않으시고 꺼져가는 심지를 끄지 않으시는 하나님 앞에 나아와 죄를 자백하고 회개하는 기간입니다. 이 기간에 우리는 무엇보다 자신이 주님을 여전히 뜨겁게 사랑하는지 돌아보며 자복해야 합니다. 그리고 이웃을 사랑하지 못하고 미워하고 험담하여 상처 준 일을 회개해야 합니다. 맡겨 주신 일에 소홀하고 나태했던 생활 습관을 고백하며 마음을 찢어야 합니다. 사순절의 회개는 우리를 성숙한 삶으로 나아가게 하는 길입니다.

기도

십자가의 사랑으로 우리를 새롭게 하시고, 용서받은 은혜를 깊이 깨닫게 하소서. 이웃을 사랑으로 섬기며 삶으로 복음을 살아내게 하소서. 아멘.

2·19
목요일

사순절과 기쁨

빌립보서 4장 4~7절

주 안에서 항상 기뻐하라 내가 다시 말하노니 기뻐하라 (4)

'기쁨(Joy)'은 욕구가 충족되었을 때 느끼는 인간의 가장 순수한 감정입니다. 그런데 기쁨의 동기와 내용은 그것을 느끼는 사람의 경험과 처한 환경에 따라 달라집니다.

갓난아기들은 즉각적이고 감각적인 자극에 기쁨을 느낍니다. 맛있는 음식이나 안락한 잠자리, 엄마의 다정한 목소리 등이 기쁨을 줍니다. 이후 가정을 넘어 사회를 경험하면서는 관계적이고 정서적인 기쁨을 느낍니다. 친구나 동료와의 관계, 연인과의 만남과 상호작용에서 기쁨을 찾습니다. 그러다가 가정을 이루고 부모가 되어서는 자신을 헌신하는 기쁨을 알게 됩니다. 배우자를 위해, 사녀를 위해 사신을 수는 데서 기쁨을 느낍니다.

그런데 그리스도인은 이보다 더 근원적이고 고상하며 영원한 기쁨이 있음을 압니다. 바로 하나님을 알고, 그분을 믿어 구원에 이르고, 그분의 자녀가 되어 영원토록 함께하는 기쁨입니다. 이 기쁨은 세상 무엇으로도 깨뜨릴 수 없습니다. 그리고 이 진리를 깨달은 사람은 어떤 위기와 고난 속에서도 기뻐할 수 있습니다.

그리스도인 중에 바울만큼 고난을 받은 사람도 없습니다. 그가 고난을 감내한 것은 예수 믿고 천당 가려는 목적이 아니었습니다. 그는 예수의 복음을 위한 고난의 가치를 발견했기에 그 모든 일을 기꺼이 감당했습니다. 바울은 복음이 당시의 잘못된 율법주의, 정치와 문화, 전통과 관습을 깨뜨리고, 세상의 가치관을 바꿀 수 있음을 알았기에 당당히 고난을 받아들였습니다. 그래서 감옥에 갇혀서도 기도와 찬송으로 그곳을 잔칫집으로 만들 수 있었습니다. 죄수의 신분이면서도 빌립보 교인들에게 복음의 은혜로 기뻐하라고 권면할 수 있었습니다.

사순절에 그리스도인은 마음을 넓히고 긍정적인 생각을 많이 품어야 합니다. 세상살이가 아무리 사자 굴 같고, 풍랑 이는 갈릴리 바다 같으며, 외로운 밧모섬 같아도 더욱 기뻐하고 기뻐해야 합니다. 왜냐하면 예수의 복음으로 인한 기쁨이 고통과 환난, 낙심과 절망의 세상을 이기는 능력이기 때문입니다.

기도

고난 중에도 복음으로 기뻐한 바울처럼 그 안의 가치를 보게 하소서.
어떤 상황에서도 기쁨으로 주님을 증거하는 삶을 살게 하소서. 아멘.

2·20
금요일

너희가 믿을 때 성령을 받았느냐

사도행전 19장 1~7절

바울이 그들에게 안수하매 성령이 그들에게 임하시므로 방언도 하고 예언도 하니 (6)

사도 바울이 에베소의 제자들에게 물었습니다. "너희가 믿을 때에 성령을 받았느냐(2)." 이 질문을 오늘 우리 시대에 어울리는 표현으로 바꾸면 "당신의 신앙이 습관적인 예배와 형식적인 기도에 머물러 있지는 않습니까?"입니다. 우리는 지식과 습관으로 아는 예수님을 넘어 내 안에 살아 계시는 성령을 체험하는 믿음으로 나아가야 합니다.

사순절은 회개로 시작됩니다. 요한의 세례는 죄를 깨닫고 하나님께로 돌이키는 준비의 과정입니다. 그러나 그 안에 성령이 없으면 자기 생각과 신념에 갇히기 쉽습니다. 그러므로 우리는 내 힘으로만 믿으려 했던 교만을 내려놓고 성령의 도우심 없이는 단 한 순간도 온전할 수 없음을 고백해야 합니다. 회개는 눈물로 끝나지 않고 구원의 기쁨으로 이어지는 통로가 되어야 합니다.

바울이 에베소의 제자들에게 안수했을 때 성령이 그들에게 임했습니다. 그들은 방언과 예언을 하며 변화되었습니다. 이는 단순한 신비 체험을 넘어 그들의 삶의 주권이 하나님께로 옮겨졌음을 상징합니다.

성령을 받은 사람은 이전과는 다른 삶을 삽니다. 베드로와 바울의 부끄러운 과거를 덮으시고 '복음의 투사'로 만드신 분이 바로 성령입니다. 종교 개혁자 마르틴 루터가 보름스 의회에서 "내가 여기서 있나이다."라고 고백하며 하나님 앞에 섰던 것처럼, 성령의 임재는 우리를 세상의 두려움에서 자유롭게 하고 오직 하나님 앞에 서게 합니다.

성령을 체험하는 것은 단순히 감정적인 고양을 느끼는 것이 아니라, 성령께서 나를 책임지고 이끌어 가시도록 내어드리는 것입니다. 말씀을 듣는 중에, 기도하는 시간에 성령께서 역사하십니다. 사순절 묵상의 자리에 임하시는 성령이 우리를 십자가 너머 부활의 영광에까지 이르게 하십니다.

기도

메마른 신앙에 성령의 단비를 내려 주셔서 회개의 눈물이 구원의 기쁨이 되게 하소서. 나의 삶을 온전히 드리니 성령께서 가장 참된 길로 이끌어 주소서. 아멘.

2·21
토요일

엘리야의 동굴

열왕기상 19장 9~18절
여호와께서 이르시되 너는 나가서 여호와 앞에서 산에 서라 하시더니 (11상)

엘리야는 바알과 아세라 선지자들과 싸워 완벽한 승리를 거두었습니다. 그랬던 그가 아합의 여인 이세벨의 말 한마디에 두려움에 휩싸여 몸을 숨겼습니다. 로뎀 나무 그늘에 앉아 차라리 죽기를 호소하는 그에게 하나님은 천사를 보내 떡과 물을 공급해 주셨습니다. 힘을 회복한 엘리야는 40일을 걸어 마침내 하나님의 산 호렙에 이르렀습니다. 하나님의 구원을 온몸으로 체험한 것입니다. 그러나 그는 다시 동굴 속으로 숨고 말았습니다.

동굴에 숨어든 엘리야는 과연 어떤 심리 상태였을까요? 첫째, 사고의 장애 및 현실과의 심각한 괴리를 경험하는 정신분열증(Schizophrenia)적인 상태입니다. 그는 오랜 은둔 생활로 정서가 완전히 피폐해졌고, 누군가 자신을 해칠 것이라는 근거 없는 두려움에 사로잡혔습니다. 둘째, 하나님의 능력을 망각하고 이세벨의 말을 자신과 관련짓는 관계망상증(Delusion of reference)적인 상태입니다. 그래서 모든 인간관계를 끊고, 하던 일도 포기했으며, 자기부정에 사로잡혀 스스로 고립되었습니다. 셋째, 과대망상증(Delusion of grandeur)적인 상태입니다. 하나님을 향한 자신의 열심이 남달랐음을 거듭 강조하면서 다른 이스라엘 자손은 모두 타락했고, 그들의 손에 선지자들이 다 죽어 오직 자신만 남았다는 오판을 확신했습니다. 그는 '나 말고는 다 문제'라는 생각에 사로잡혔습니다.

동굴 속의 엘리야는 이렇게 스스로 자신을 세상과 분리해 소외시키는 사람입니다. 그리스도인은 이 동굴을 날마다 경계해 건강한 영적 삶을 유지해야 합니다. 엘리야의 동굴은 영과 육의 모든 에너지와 기능을 빼앗고 멈추게 하기 때문입니다.

빛이 없는 동굴 속의 생명은 퇴화하여 그 자리에서 스러지고 맙니다. 이 어둠을 떨치고 빛으로 나아가야 다시 사명을 회복할 수 있습니다. 그때 여호와의 산에 서고, 자신의 자리로 돌아갈 수 있습니다.

기도

나의 연약함을 숨기지 않고 주님 앞에 내어놓게 하소서. 주님이 공급해 주시는 은혜로, 나를 가둔 동굴에서 나와서 세상과 더불어 살아가게 하소서. 아멘.

5

2·23
월요일

음부의 권세가 이기지 못하는 교회

마태복음 16장 13~20절

또 내가 네게 이르노니 너는 베드로라 내가 이 반석 위에 내 교회를 세우리니 음부의 권세가 이기지 못하리라 (18)

6·25전쟁 중에 여러 곳에 교회가 세워졌습니다. 총알과 포탄이 빗발치는 상황에 교회를 세우는 것은 무모하고 어리석은 일처럼 보일 수 있습니다. 여유롭고 평화로운 형편에서 일을 도모하는 것이 세상의 상식이기 때문입니다. 그러나 하나님께서 전쟁의 혼란 속에서도 교회를 세우게 하신 것은 교회가 세상의 안식과 희망이기 때문입니다.

전쟁의 공포 속에서 사람들은 마음 둘 곳도, 의지할 곳도 없었습니다. 사랑하는 사람의 생사조차 확인하지 못한 채 슬픔과 고통의 나날을 보냈습니다. 이런 상황에서 우리 민음의 선조들은 전쟁으로 파괴된 세상을 온전히 치유하고 회복시킬 수 있는 것은 오직 예수 그리스도의 복음과 성령의 위로라고 확신했습니다. 교회가 그 사명을 감당할 수 있을 것이라고 굳게 믿었습니다. 그래서 나와 내 가족의 안위를 챙기기보다 먼저 교회를 세우고 지키는 일에 헌신했습니다.

오늘 우리는 어떻습니까? 복음을 위해 헌신한 그들처럼 교회의 중요성을 인식하고 있습니까? 교회가 세상의 희망이 되려면 교회의 본질과 사명, 책임과 역할을 다해야 합니다. 한 시대와 사회를 이끌어갈 영적 능력을 갖춘 교회가 예수님이 말씀하신 '음부의 권세를 이기는 교회'입니다. 초대 교회 성도들이 백성의 칭송을 받은 것처럼, 오늘의 교회 역시 사회적 신뢰를 얻어야 합니다. 교회는 의지할 곳 없고, 믿을 것 없는 공허한 세상의 희망이 되어야 합니다.

복음의 능력을 체험한 사람들이 음부의 권세를 이기는 교회, 하늘과 땅의 권세를 매고 푸는 능력 있는 교회로 세워집니다. 이것이 성령 안에서 주님을 만난 이들에게 주어진 사명이요, 세상의 희망이 되는 교회의 이상입니다. 사순절은 교회의 본 모습을 다시 한번 되짚으며, 세상이 기대하는 교회를 어떻게 만들어갈 것인지 지혜를 모으는 시간입니다.

기도

십자가의 사랑과 진리로 세상을 섬기는 교회의 본질을 회복하게 하소서. 그리스도의 복음과 성령의 위로로 세상에서 빛과 소금의 사명을 끝까지 감당하게 하소서. 아멘.

2·24
화요일

평강의 사람

로마서 14장 17~18절

하나님의 나라는 먹는 것과 마시는 것이 아니요 오직 성령 안에 있는 의와 평강과 희락이라 (17)

흔히 고난과 고통, 슬픔이 없는 상태를 평강(평화)이라고 말합니다. 하지만 이는 매우 소극적인 의미입니다. 성경은 사람들 사이의 관계로 평강을 가르칩니다. 즉 사람과 사람이 관계를 올바르게 맺는 것이 평강입니다. 누군가와 의견이 충돌하여 갈등하고 있다면 이는 평강이 깨진 상태입니다. 또 모든 일이 자기 뜻대로만 이루어지고 있다면 이 역시 평강한 상태가 아닙니다.

명령과 통제만 있는 곳에서는 평화를 이루는 생각이 나오지 않습니다. 자기 기준대로 가치를 설정해 두고 일하거나 사람을 대하면 그 관계는 깨지고 맙니다. 사고의 중심이 '나'에게 있으면 평화할 수 없습니다.

또한 악인에게는 평강이 없습니다(사 48:22). 악인은 평강의 길을 알지 못하고, 그들이 행하는 곳에는 정의가 없으며, 스스로 굽은 길을 만들기에 이 길을 밟는 자는 평강을 알지 못합니다(사 59:8).

예수님은 산상설교에서 화평하게 하는 자가 하나님의 아들이라 일컬음을 받을 것이라고 하셨습니다(마 5:9). 화평을 이루는 것이 하나님 자녀의 참 모습이라는 뜻입니다. 이렇게 볼 때 평화로운 교회의 모습은 눈에 보이는 전도 메시지입니다. 아직 주님을 모르는 이들이 함께하고 싶은 마음이 들도록 평화로운 교회를 이루어야 합니다. 평화로운 교회는 풍성히 나누고 섬기는 교회요, 이는 곧 하나님 나라의 모형입니다.

사도 바울은 "할 수 있거든 너희로서는 모든 사람과 더불어 화목하라(롬 12:18)."고 권면했습니다. 히브리서 저자도 "모든 사람과 더불어 화평함과 거룩함을 따르라 이것이 없이는 아무도 주를 보지 못하리라(히 12:14)."고 가르쳤습니다. 진정한 평화는 다른 사람과의 올바른 관계에서 비롯되며, 하나님의 자녀는 평강을 이루는 사람입니다.

기도

하나님 나라의 의와 사랑으로 교회가 평화의 공동체가 되게 하소서. 갈등 속에서도 화해를 이루며 세상과 더불어 풍성히 나누고 섬기게 하소서. 아멘.

2·25
수요일

기도로 캐내는 보화

창세기 28장 10~22절

내가 너와 함께 있어 네가 어디로 가든지 너를 지키며 너를 이끌어 이 땅으로 돌아오게 할지라 내가 네게 허락한 것을 다 이루기까지 너를 떠나지 아니하리라 하신지라 (15)

사람이 7분 동안 호흡을 멈추어 산소 공급이 중단되면 회복 불가능한 뇌손상을 입습니다. 그리고 전신에 혈액 공급이 되지 않아 결국 사망에 이르게 됩니다.

영적 생활에서 기도는 호흡과 같습니다. 기도가 없으면 영과 육의 부조화로 마음이 강퍅해지고 부정적 생각에 빠집니다. 기도의 호흡을 멈춘 사람은 죽은 그리스도인입니다.

또한 기도는 하나님을 알아가며 그분과 친밀해지는 방법입니다. 그래서 기도로 하나님과 동행한다고 말합니다. 억울하고 답답할 때, 힘들고 외로울 때 기도로 하나님을 만나 그 어두운 터널을 함께 건너야 합니다. 고통의 시간을 견뎌 빛나는 진주를 만들어내는 조개처럼, 기도로 그 안에서 값진 보화를 캐낼 줄 알아야 합니다.

야곱이 에서의 눈을 피해 외삼촌 라반의 집으로 가던 길에 어느 들판에 누워 잠을 청했습니다. 아버지와 형을 속이고 도망자 신세가 된 그는 불안하고 초조했습니다. 앞으로 어떻게 살아가야 할지 막막하고 두려웠습니다. 그렇게 몸과 마음이 완전히 지치고 쇠약해진 야곱을 하나님께서 꿈을 통해 만나 주셨습니다. 그리고 그의 남은 인생길을 책임지고 보장해 주겠다고 약속하셨습니다.

야곱은 철저한 고독 속에서 하나님을 만났습니다. 부모의 그늘에서 부족함 없이 지낼 때는 만나지 못했습니다. 이렇듯 인생의 고독은 하나님을 만날 기회입니다. 홀로 남은 시간에 하나님을 만난 사람은 희망을 품고, 약속을 바라보는 비전의 사람이 됩니다.

야곱의 서원은 가장 외로운 시간에 찾아오신 하나님께 응답한 신앙 고백이었습니다. 우리도 인생의 외로움과 고통의 심연에 있을 때 하나님을 찾아야 합니다. 그때 기도하면 하나님께서 반드시 찾아와 만나 주십니다. 이것이 기도로 캐내는 값진 보화입니다. 그리고 기도의 보화를 발견한 사람은 야곱처럼 하나님께 자신을 드리는 성숙한 신앙에 이를 수 있습니다.

기도

기도가 일상의 호흡이 되게 하소서. 언제 어디서나 응답하시는 하나님의 신실하심을 신뢰하며 나아가는 성숙한 믿음을 갖게 하소서. 아멘.

2·26
목요일

서로 다른 두 마음

시편 42편 1~11절

내 영혼아 네가 어찌하여 낙심하며 어찌하여 내 속에서 불안해 하는가 너는 하나님께 소망을 두라 그가 나타나 도우심으로 말미암아 내가 여전히 찬송하리로다 (5)

사람의 눈은 흰자위와 검은자위로 되어 있습니다. 그중 물체를 보는 것은 검은자위를 통해서입니다. 유대인의 지혜서인 탈무드는 이를 통해 큰 진리를 가르쳐 줍니다. "너의 인생이 어둡고, 현실이 눈동자같이 캄캄할지라도 결코 낙심하거나 좌절하지 말라. 오히려 그 어두움을 통해 밝은 미래를 바라볼 수 있다."

그렇습니다. 아픔과 상처를 잘 극복한 사람이 진주처럼 아름답게 빛납니다. 그리스도인은 어떤 상황에서도 한(限)을 토해내는 슬픔의 사람이 되면 안 됩니다. 우리는 모두 죄인이지만 용서받은 죄인이고, 전능하신 하나님이 우리 아버지이시기 때문입니다.

시편 42편은 고난과 낙심에 빠져 부르짖는 한 시인의 노래입니다. 시인은 어려움 속에서 하나님을 찾지 못해 괴로워합니다. 그런데 그는 하나님을 간절히 찾으면서도 '나', '나의', '나를'이라는 인칭대명사를 무려 51번이나 쓰며 자기 지향적인 태도를 보입니다. '하나님'과 '나'를 동시에 붙들고 있는 것입니다.

또한 시인은 하나님에 대한 믿음이 있으면서도 상황에 매몰되어 절망에서 헤어나지 못합니다. 목마른 사슴처럼 애타게 하나님을 기다리고 찾지만, 하나님을 떠난 그에게 찾아오는 것은 더 깊은 목마름과 절망입니다. 하나님을 사모하는 마음과 침체에 빠진 나약한 심정이 그의 내면에 공존하고 있습니다.

이 시인처럼 고난 속에서 마음의 갈피를 잡지 못해 괴로워한 적이 있습니까? 그가 빠진 고통의 상황을 우리도 언제든 겪을 수 있습니다. 그러므로 이 문제를 어떻게 풀어갈지 답을 찾는 묵상의 시간이 필요합니다. 그리고 주위에 이런 문제로 어려워하는 사람이 있으면 그에게 기도를 선물해야 합니다. 이것이 바로 성도의 교제입니다.

이번 사순절이 우리 삶에 상존하는 위기와 고난을 어떻게 받아들이고 대처해 나갈지 고민하고 훈련하는 시간이 되어야 합니다.

기도

영혼의 갈급함 속에서 주님의 말씀을 붙들게 하소서. 낙심한 마음을 일으켜 세우사 서로를 위해 기도하며 교제하는 성도 되게 하소서. 아멘.

2·27
금요일

삶의 안전지대

창세기 7장 1~5절, 13~16절

곧 그 날에 노아와 그의 아들 셈, 함, 야벳과 노아의 아내와 세 며느리가 다 방주로 들어갔고 (13)

독일의 사회학자 퇴니스(Ferdinand Tönnies)는 사회를 '공동사회(Gemeinschaft)'와 '이익사회(Gesellschaft)'로 구분했습니다. 공동사회에는 가족과 민족이 해당하는데, 이 사회는 구성원 상호 간의 애정과 이해를 바탕으로 결합하여 외부의 힘으로 쉽게 깨지지 않습니다. 반면 정당, 회사, 조합 등이 속하는 이익사회는 특정한 목적을 달성하기 위해 개인의 선택의지에 따라 결합한 인위적 관계로, 각자의 목적이나 이해관계가 우선시됩니다.

노아 시대의 사람들은 마음이 악하고 패역하며 난폭하여 죄악이 세상에 가득했습니다. 하나님은 그런 세상을 심판하기로 하셨습니다. 그러나 의인 노아는 구원하시려고 방주를 만들게 하셨습니다.

방주에 탄 노아의 가족은 모두 8명이었습니다. 그들은 생명과 안전이 보장된 방주 안에서 서로 사랑하고 지지하는 공동사회를 지키고 가꾸며 그 시간을 견뎠습니다.

가정은 가족 모두에게 정서적 안정감을 주는 안전지대여야 합니다. 단순히 한 집에 '모여 사는 가족(to live by)'은 진정한 가족이 아닙니다. '더불어 사는 가족(to live with)'이라야 삶의 안전지대를 만들 수 있습니다. 이런 가족은 신뢰와 사랑의 관계를 형성하고, 그 안에는 언제나 이야깃거리가 풍성합니다. 그래서 구성원 모두 건강하고 행복한 삶을 살아갑니다.

또 하나의 안전지대는 교회입니다. 교회는 세상으로부터 성도를 보호하는 안전지대입니다. 하나님 말씀으로 새 힘을 얻고 생각과 삶이 변화되는 곳입니다. 신실한 성도에게 교회는 인생을 아름답게 만드는 장소입니다. 굴곡 많은 세상을 이겨나갈 힘과 위안을 얻고 하나님의 은혜를 경험하는 곳입니다.

그러나 교회는 성도들만을 위한 곳이어서는 안 됩니다. 누구에게든 희망과 위로를 주는 안전지대여야 합니다. 나아가 그들을 위한 삶의 안전지대를 만들고 넓혀가는 희생사회여야 합니다. 이것이 하나님 말씀으로 성숙해진 성도들이 함께 이룰 비전입니다.

기도

우리를 위한 안전지대를 만들어 그곳으로 이끄시는 주님의 은혜를 신뢰하게 하소서. 우리도 서로의 안전지대가 되어 하나님의 비전을 위해 함께 나아가게 하소서. 아멘.

2·28
토요일

나도 모르는 내 감정

잠언 18장 13~15절

명철한 자의 마음은 지식을 얻고 지혜로운 자의 귀는 지식을 구하느니라 (15)

오늘날 사람들은 첨단과학기술을 통해 인간의 감정을 로봇에 담으려는 시도를 계속하고 있습니다. 그러나 인간의 감정은 그 범위와 한계를 가늠할 수 없을 만큼 신비롭고 복잡하며 변화무쌍합니다. 인류 문화의 위대한 소산인 아름다운 노래와 문학, 그림 등 예술작품 모두가 이 감정의 결과물입니다. 과연 하나님이 만들어 주신 감정이 인간의 새로운 창조물이 될 수 있을까요?

잠언 저자의 지적처럼, 우리는 사건의 본질을 이해하지 못한 채 섣부르게 의사 표현을 해서 나와 타인의 감정에 상처를 내는 일이 많습니다. 상처 난 감정은 당사자뿐 아니라 그와 연결된 많은 이들과의 관계까지 뒤흔듭니다. 그리고 한번 생긴 골은 쉽게 회복되지 않습니다.

그러므로 감정 처리를 어떻게 하느냐는 매우 중요합니다. 감정을 적절히 다스리지 못하면 실수를 하고 신뢰를 잃습니다. 또 예측할 수 없는 감정의 폭발력으로 불안과 공포, 일탈 행동, 자극적인 경험에 빠지기도 합니다.

창세기의 족장들 이야기는 인간의 다양한 감정과 그로 인한 관계 변화를 잘 보여 줍니다. 그중에 아브라함과 사라, 하갈이 경험한 감정은 비정하리만큼 슬프고도 처절합니다. 아이를 낳지 못하는 자기 신세를 한탄하며 남편에게 몸종을 대리모로 제안할 수밖에 없는 사라, 그 제안을 받아들이는 아브라함, 자신의 의지와 상관없이 아이를 잉태한 것도 모자라 여주인에게 모진 핍박을 받다가 끝내 아이와 함께 쫓겨나는 하갈. 그들은 이렇게 아프고 상한 감정을 어떻게 이해하고 받아들였을까요?

인간이기에 희로애락의 감정이 생기는 것은 당연합니다. 적절한 감정 표현은 삶에 행복을 더하고 사람과의 관계를 윤택하게 합니다. 감정을 잘 다스리고 사용하면 창의적인 에너지가 됩니다. 사순절에 나도 모르는 내 감정들을 조용히 돌아보며 잘 다루는 연습을 해야 합니다.

기도

나의 감정과 마음을 지혜로 다루고, 분별하는 귀로 진리를 듣게 하소서. 주의 말씀에 지식이 아닌 지혜로 반응하는 마음을 주소서. 아멘.

3·2
월요일

눈물의 역사, 희망의 노래

시편 137편 1~9절

우리가 바벨론의 여러 강변 거기에 앉아서 시온을 기억하며 울었도다 (1)

3·1운동이 일어난 1919년은 일본 제국주의에 대한제국의 통치권을 빼앗긴 경술국치(庚戌國恥)를 겪은 지 10년이 되는 해였습니다. 3·1독립선언서는 이 일을 "역사 있은 지 여러 천년에 처음으로 다른 민족에게 억눌려 고통을 겪은 지 10년이 되도다."라고 기술했습니다. 그날 우리 선조들은 수천 년간 이어져온 대한이 여전히 자주독립국가임을 천명하며 그 흐름을 끊으려는 일제의 야만적인 폭압을 만천하에 드러냈습니다.

바벨론 제국은 세 차례에 걸쳐 유다의 인재들, 즉 뛰어난 지도자와 학문가, 군인과 기술사들을 모두 잡아왔습니다. 그래서 그 땅에는 아주 가난한 사람들 말고는 하나도 남지 않았습니다(왕하

24:14). 잡혀온 유다인들은 슬피 울며 다시 고국으로 돌아갈 날을 고대했습니다. 그러나 시간이 흐르면서 점차 그 생활에 적응하기 시작했습니다. 그발 강가에 모여 집을 짓고 살면서 그곳 사람들과 혼인하여 민족의 정체성을 잃어버렸습니다. 야훼 신앙을 잊고 바벨론의 문화와 전통을 받아들였습니다.

하지만 그런 상황에서도 민족의 수난을 자신들의 죄에 대한 하나님의 심판으로 이해하고, 역사를 회고하며 반성하는 이들이 있었습니다. 오늘 본문의 시인이 그런 사람입니다. 조국을 그리워하며 흘리는 눈물, 고난과 슬픔을 상징하는 버드나무가 그들의 현실을 말합니다. 그들이 버드나무에 걸어둔 수금(히, 키노르)은 예배와 축제 때 사용하던 악기입니다. 나라를 잃은 그들은 더는 그 악기를 연주할 수 없었습니다.

3·1운동은 온 세상에 하나님의 사랑과 공의를 다시 한번 선포한 사건입니다. 우리는 눈물의 역사 속에서도 희망의 노래를 부른 선조들께 감사하고, 그 숭고한 정신을 표상으로 삼아 조국과 민족을 사랑하는 그리스도인이 되어야 합니다. 이것이 역사의 주관자이신 하나님의 백성다운 모습입니다.

기도

고난 속에서도 시온을 향한 소망을 꺼뜨리지 않고 주님을 기억하며 주의 공의를 기다리게 하소서. 눈물의 역사를 믿음의 노래로 바꿔 부활의 희망을 붙들게 하소서. 아멘.

3·3
화요일

그리스도인의 처세

사무엘하 16장 5~8절, 20~23절

또 다윗과 다윗 왕의 모든 신하들을 향하여 돌을 던지니 그 때에 모든 백성과 용사들은 다 왕의 좌우에 있었더라 (6)

한국의 문화는 체면을 중시합니다. 그래서 우리는 업신여김으로 인한 모멸감에 매우 민감합니다. 국어사전은 모멸감을 '업신여김과 깔봄을 당하여 느끼는 수치스러운 느낌'이라고 정의합니다. 우리 사회가 모멸감에 민감한 것은 그만큼 업신여김과 깔봄이 여전히 만연하다는 방증이 아닐까요?

10여 년 전 일어난 이른바 '땅콩 회항 사건'은 우리 사회 전체에 큰 파장을 불러일으켰습니다. 당시 항공기 사무장은 결심공판에서 "모멸감으로 나를 죽였다."라고 증언했습니다. 타인을 향한 폭언, 무시, 억압은 그 사람의 삶을 파괴하는 날 선 칼입니다.

다윗은 이스라엘의 성군이었으나, 어느 왕보다 심한 모멸감을 경험했습니다. 아들 압살롬의 반역과 연이은 주변인들의 비열한 처세가 이유였습니다. 시므이는 망명길에 오른 다윗에게 돌을 던지며 저주를 퍼부어 놓고는 다윗이 환궁하는 날 가장 먼저 달려와 영접하러 왔노라 아첨했습니다. 아히도벨은 아버지의 왕권을 찬탈한 압살롬에게 보상을 바라며 충성을 맹세했습니다. 그는 압살롬에게 아버지의 후궁들과 동침하라는 충고를 하기도 했습니다.

시므이와 아히도벨은 압살롬의 반인륜적 행위를 자신의 기회로 삼았습니다. 그들은 최소한의 도리나 양심도 저버린 채 자신의 이익만을 탐하며 권력에 빌붙기에 바빴습니다. 인간성을 상실한 이러한 처세가 오늘날 우리에게도 낯설지 않다는 사실이 참으로 안타까운 일입니다.

그리스도인은 말과 행위가 신실해야 합니다. 예수님은 겉과 속이 다르지 않은 사람 나다나엘을 칭찬하셨습니다(요 1:47). 겉모습으로만 아니라 마음 깊은 곳에서부터 타인을 배려하고 존중하는 인격을 기르기 위해 노력해야 합니다. 사순절은 작은 이해관계나 불협화음으로 타인에게 모멸감을 주지 않도록 자기 내면을 돌아보며 언행을 삼가는 시간입니다.

기도

보이지 않는 자리에서도 말과 행위가 일치하는 신실함을 주소서. 상대를 높이고 세우는 배려와 존중의 마음을 배우고, 모든 관계 속에서 그리스도의 향기를 전하게 하소서. 아멘.

3·4
수요일

거룩한 우정

사무엘상 20장 12~23절

너와 내가 말한 일에 대하여는 여호와께서 너와 나 사이에 영원토록 계시느니라 하니라 (23)

다윗과 요나단의 변치 않는 우정은 상식을 뛰어넘습니다. 요나단은 사울이 다윗을 죽이려고 할 때 다윗을 적극적으로 도왔습니다. 위기에 빠진 친구를 지지한 우정은 아름다움을 넘어 거룩하기까지 합니다. 사울은 다윗이 자신의 왕권에 도전할 것을 우려해서 죽이려고 했습니다. 그렇게 보면 왕자인 요나단도 다윗을 견제할 명분이 충분했습니다. 그러나 그는 전혀 다른 선택을 했습니다.

두 사람은 신분을 뛰어넘어 세 번이나 언약을 맺었습니다. 요나단은 자기 겉옷을 벗어줌으로써 다윗에게 돌아갈 왕권을 인정했고(삼상 18:3~4), 여호와께서 다윗과 함께하실 것을 기원했으며, 십 광야에 숨어 있는 다윗을 찾아가 언약을 확인했습니다(삼상

23:15~18).

요나단은 다윗을 자기 생명처럼 사랑했으며, 그와 언약을 맺고, 맹세했습니다(삼상 18:1, 3, 17). 사울 왕의 살해 의지를 확인한 요나단은 다윗과 약속한 장소에서 가슴 아픈 이별을 했습니다(삼상 20:41~42). 두 사람이 서로 부둥켜안고 눈물을 흘리는 장면은 눈시울이 뜨거울 만큼 아름답습니다.

훗날 왕이 된 다윗은 요나단의 장애인 아들 므비보셋을 왕자처럼 예우하며 평생 왕의 식탁에서 함께 식사하도록 했습니다. 그리고 사울 왕가의 유산을 나누어 주어 옛 왕실의 재산을 복구하게 했습니다(삼하 9:1~13). 다윗과 요나단의 우정은 후대에도 굳건하게 지켜졌습니다.

잠언은 '사랑이 끊어지지 않는 사이가 친구(잠 17:17)'라고 했습니다. 다윗과 요나단의 우정은 희생적 사랑의 모델입니다. 사람이 누군가를 지탱하도록 돕는 것은 거룩하고 숭고한 일입니다.

좋은 사람을 만나 교제하는 것은 인생의 큰 복입니다. 그러나 우리는 누군가에게 좋은 사람이 되기 위해 더욱 힘써야 합니다. 능동적이고 변함없는 사랑으로 참된 친구가 되어 그 관계를 가꾸어가야 합니다.

기도

다른 이의 형편을 마음으로 헤아리며 돕는 참된 친구가 되게 하소서. 나를 모두 내어주는 사랑과 희생으로 거룩한 우정을 세워가게 하소서. 아멘.

가정 천국

시편 128장 1~4절

여호와를 경외하며 그의 길을 걷는 자마다 복이 있도다 (1)

지미 카터 전 미국 대통령은 평소에 백악관 직원들에게 다음과 같은 주문을 했다고 합니다. "백악관 직원은 가정생활에 충실해야 자격이 있습니다. 내게는 안정된 가정생활을 하는 사람이 필요하며, 그런 사람에게 나랏일도 맡길 수 있습니다." 사도 바울 역시 디모데에게 자기 가정을 다스릴 줄 모르는 사람은 하나님의 교회를 돌볼 수 없다고 가르쳤습니다(딤전 3:5). 또한 오늘 본문의 시인은 여호와를 경외하며 그의 길을 걷는 자마다 가정의 복을 누릴 것이라고 노래했습니다. 그 복은 구체적으로 어떤 모습입니까?

먼저 시인은 "네가 네 손이 수고한 대로 먹을 것이라."고 합니다. 노동의 복입니다. 매사에 하나님을 의식하며 살아가는 사람은 땀

흘려 수고한 대로 정직한 대가를 얻게 된다는 뜻입니다. 일한 만큼의 소득은 성실한 노력의 대가요, 하나님이 주시는 복입니다.

다음으로 시인은 "네 집 안방에 있는 네 아내는 결실한 포도나무 같으며."라고 노래합니다. 결실한 포도나무는 자기 소임을 탁월하게 해내는 성숙하고 매력적인 존재를 비유합니다. 이런 아내가 돌보는 가정이 복된 가정입니다. 남편과 아내가 각각 제 역할을 다하는 든든한 기둥이 될 때 행복한 가정을 이룰 수 있습니다.

끝으로 "네 식탁에 둘러 앉은 자식들은 어린 감람나무 같으리로다."라고 했습니다. 감람나무는 버릴 것이 없습니다. 열매는 기름을 짜고, 줄기는 목재로 사용합니다. 이스라엘에서는 어린아이가 태어나면 감람나무를 심어 아이의 복된 앞날을 기원합니다. 자녀가 많은 곳에 쓰임받는 존귀한 사람으로 자라는 것만큼 부모에게 큰 복은 없습니다.

가정은 하나님이 친히 만들어 주신 가장 작은 사회입니다. 이 사실을 기억하며 가족 모두가 배려와 용납, 나눔과 사랑을 바탕으로 서로 지지하고 응원하며 기도로 도울 때 온전히 설 수 있습니다. 그렇게 여호와를 경외하며 그 뜻대로 걷는 가정이 천국입니다.

기도

여호와를 경외하며 주의 길을 걷는 가정이 되게 하소서. 수고의 열매가 감사가 되고, 식탁의 나눔이 사랑의 통로가 되어 우리 가정을 통해 복이 흘러가게 하소서. 아멘.

15

3·6
금요일

상이 있는 사랑

마태복음 5장 43~48절

나는 너희에게 이르노니 너희 원수를 사랑하며 너희를 박해하는 자를 위하여 기도하라 (44)

현대인들은 사막에서 물을 찾듯 사랑을 갈망합니다. 인기 있는 노래들도, 영화나 드라마도 사랑을 두고 갈등하고 고민하는 내용이 많습니다. 그런데 가만히 보면 대부분 내가 사랑하겠다는 것이 아니라 나를 사랑해 달라고 외칩니다. 사랑받으려는 사람은 많으나 사랑하는 사람은 부족한 오늘입니다.

우리말과 달리 헬라어는 사랑을 다양하게 구분합니다. '스토르게(Storge)'는 부모와 자식 간의 사랑으로, 이삭을 향한 아브라함의 사랑, 야곱을 향한 리브가의 사랑, 요셉을 향한 야곱의 사랑이 예입니다. '에로스(Eros)'는 이성 간의 육체적 사랑으로, 자기중심적이고 자기만족을 위한 사랑으로 이해합니다. 고대 그리스의 시인

소포클레스는 에로스를 '무서운 갈망'이라고 표현했는데, 세겜과 디나, 삼손과 들릴라, 암논과 다말, 솔로몬과 이방 여인들 간의 사랑에서 볼 수 있습니다. '필리아(Philia)'는 동질성을 갖는 무리 안에서 느끼는 우애(友愛) 또는 형제애(兄弟愛)를 말합니다.

이 세 사랑은 모두 인간관계에서 비롯됩니다. 이 사랑마저 없다면 인간 사회는 냉혹한 전쟁터일 것입니다. 그런데 예수님은 이유와 조건이 있는 이 사랑은 바리새인과 이방인도 할 수 있다며, 사랑의 대상을 바꾸라고 말씀하셨습니다. 주님을 믿는 사람의 사랑은 달라야 한다는 뜻입니다.

우리가 사랑할 대상은 공연히 나를 싫어하고 미워하는 사람, 내 앞길을 가로막는 대적, 즉 원수들입니다. 그들을 향한 사랑이 바로 '상이 있는 사랑'입니다.

선한 사마리아인의 비유(눅 10:30~35)는 강도 만난 유대인을 구한 사마리아인의 원수 사랑을 강조합니다. 예수님은 사랑의 대상을 바꾸지 않으면 하나님의 자녀가 될 수 없다고 단언하셨습니다. 사랑의 습관을 고치고 생각을 바꾸어 사랑의 대상을 넓혀가는 순종의 길 끝에 주님이 준비하신 상이 있습니다.

기도

사랑하기 쉬운 사람만이 아니라 미워하는 대상까지 품으라 하신 말씀 앞에 서게 하소서. 예수님의 십자가 사랑이 우리의 감정과 판단을 넘어 흘러서 온전히 사랑하신 주님을 닮아가게 하소서. 아멘.

3·7
토요일

두 가지 질문

마태복음 9장 9~15절

나는 의인을 부르러 온 것이 아니요 죄인을 부르러 왔노라 (13하)

인간 행동 연구가들은 인간을 '이기적 동물'로 정의합니다. 이기주의와 이타주의를 상황에 따라 자기에게 유리하게 적용하기 때문입니다. 이것이 인간이 매사에 객관성을 유지하고 공적인 판단을 하기 어려운 이유입니다.

바리새인들이 예수님을 몰아세울 꼬투리를 잡기 위해 제자들에게 물었습니다. "어찌하여 너희 선생은 세리와 죄인들과 함께 잡수시느냐?" 당시의 금기를 깬 행위를 문제 삼은 것입니다. 예수님은 세리들과 함께 음식을 잡수신 것은 물론이고 세리 마태를 제자로 부르시기까지 했습니다. 주님이 그들과 함께하신 것은 이 땅에 의인이 아니라 죄인을 부르러 오셨기 때문입니다. 주님은 이렇게 함께하심으로 그들 안에 참된 위로와 치유를 베푸셨습니다.

한편 요한의 제자들은 예수님께 "우리와 바리새인들은 금식하는데 어찌하여 당신의 제자들은 금식하지 않습니까?"라고 물었습니다. 요한의 제자들이 말하는 금식은 개인적이고 사적인 문제입니다. 투옥된 스승 요한을 위한 제자의 당연한 도리였습니다. 그러나 예수님의 제자들은 금식할 이유가 없습니다. 신랑과 함께 있는 잔칫집 손님들처럼 기뻐할 뿐입니다. 요한의 제자들은 자신들의 상황을 다른 사람에게까지 적용하려는 우를 범했습니다.

두 부류의 사람들은 자신과 다른 생각이나 상황을 용납하지 않았습니다. 이것이 왜곡된 종교적 열심이 초래하는 위험입니다. 예수님은 그들에게 한 사람의 마음을 헤아리는 인격이 중요하며, 자기 주관과 생각의 함정에 빠지면 선행의 기회마저 놓칠 수 있음을 가르쳐 주셨습니다.

세상에는 다양한 삶의 문제로 고민하는 사람이 많습니다. 그들의 문제를 내 기준으로 판단하지 말고, 진지하게 근원을 묻고 살펴야 합니다. 사순절은 자기 내면을 돌아보며 타인의 형편과 사정을 헤아리는 폭을 넓혀가는 절기입니다.

기도

우리의 열심이 다른 이를 정죄하기보다 주님의 시선으로 타인의 형편과 사정을 헤아리게 하소서. 제사가 아닌 긍휼을 원하시는 주님의 뜻을 삶으로 살아내게 하소서. 아멘.

3·9
월요일

선한 청지기가 어디 있느냐

창세기 39장 1~6절

여호와께서 요셉과 함께 하시므로 그가 형통한 자가 되어 그의 주인 애굽 사람의 집에 있으니 (2)

공과 사를 분명히 가리고 재물에 욕심이 없는 청렴한 관리를 청백리(淸白吏)라고 부릅니다. 또 양반집 집안일을 맡아보거나 시중을 들던 사람을 청지기(steward)라고 합니다. 청백리는 깨끗하고 훌륭한 지도자요, 청지기는 주인의 마음을 편안하고 흡족하게 하는 종입니다.

요셉은 애굽 생활을 청지기로 시작했습니다. 주인 보디발의 신임을 한 몸에 받는 가정 총무, 곧 청지기였습니다. 요셉의 성실한 모습을 눈여겨본 보디발은 그에게 자기 재산을 전적으로 관리하게 했습니다. 자신의 모든 소유를 위임하고 간섭하지 않을 만큼 그의 신임은 절대적이었습니다. 그에 부응하듯 선한 청지기 요셉은 주인의 재산을 착복하거나 가정의 비밀을 누설하지 않았습니다.

요셉은 이렇게 주위 사람들을 유익하게 하고 그들이 신뢰할 만한 삶을 살았습니다. 훗날 그가 바로의 곡식 창고를 책임지는 관리가 된 것은 어느 날 갑자기 찾아온 행운이 아니었습니다. 평소 성실하고 정직한 삶으로 신뢰를 쌓았기에 가능했습니다. 그의 선하고 바른 행동이 더 큰 책임을 맡는 보상으로 이어진 것입니다.

또한 요셉은 언제나 형통한 삶을 살았습니다. 그의 형통은 어디서 비롯된 것일까요? 그것은 여호와께서 그와 함께하셨기 때문입니다. 여호와께서 요셉과 함께하신다는 사실은 그 주인의 눈에도 분명히 보였습니다. 굳이 설명하거나 증명하지 않아도 될 만큼 명백했습니다. 요셉처럼 매일의 삶을 깨끗하고 고상하게 가꾸는 사람을 주님이 형통하게 하십니다. 그리고 그의 형통은 주위 사람들에게로 흘러갑니다. 보디발의 집안도 요셉으로 인해 복을 받았습니다. 그의 집과 밭에 있는 모든 소유에 하나님의 복이 두루 미쳤습니다.

주님은 지금도 이 세대를 위한 선한 청지기를 찾으십니다. 요셉처럼 흠모할 만한 인품과 성실한 삶으로 섬겨서 나와 우리를 하나님이 주시는 형통의 복으로 이끌어야 합니다.

기도

형통의 근원이 하나님과의 동행에 있음을 잊지 않고, 맡겨진 자리에서 성실과 정직으로 주 앞에 서게 하소서. 말과 삶이 일치하는 흠모할 만한 인품으로 빚어 주소서. 아멘.

3·10
화요일

권세와 명예욕

누가복음 20장 45~47절

그들은 과부의 가산을 삼키며 외식으로 길게 기도하니 그들이 더 엄중한 심판을 받으리라 하시니라 (47)

AD 70년경 로마에 의해 예루살렘 성전이 파괴된 후 랍비들이 지도 세력으로 등장했습니다. 이들은 회당에서 백성을 가르치는 율법 교사라는 직위를 자신의 명예와 특권을 확장하는 도구로 삼았습니다. 또한 법률가로 활동하면서 지위를 이용해 재산을 불리려는 목적으로 자신의 종교적 거룩함을 과시했습니다. 예수님은 그들의 외식과 명예욕을 신랄하게 비판하셨습니다. 구체적인 그들의 어떤 모습이 주님의 책망을 받았을까요?

첫째, 그들은 일부러 긴 옷을 입고 다녔습니다. 이는 복장으로 자신의 종교적 권위를 드러냄으로써 신뢰를 얻으려 한 겉치레요, 형식적 행위였습니다. 그러나 참된 권위는 긴 옷이 아니라 하나님의 은혜로 충만한 인격에서 비롯됩니다.

둘째, 시장에서 문안받는 것과 회당과 잔치에서 상석에 앉는 것을 좋아했습니다. 이는 다른 사람 위에 군림하고 지배하려는 욕망, 약한 자의 희생을 딛고 명예를 얻으려는 욕망의 단면입니다. 지도자는 자신에게 주어진 권력과 권한이 착취와 지배의 수단이 되지 않도록 늘 경계해야 합니다.

셋째, 그들은 형식적인 종교 행위에 능했습니다. 그들의 기도는 길고 청산유수 같았으며, 화려한 언변은 훌륭한 지도자인 양 행세하는 데 큰 도움이 됐습니다. 그러나 그 내면은 썩은 냄새가 진동하는 무덤과 같았습니다. 그들은 하나님이 보호하라 명하신 과부들을 상대로 배를 채웠습니다. 당시 율법사들은 과부들의 재산을 맡아 관리하는 법적 대리인 역할을 수행했는데, 그들은 종교적 행위로 마음을 산 뒤 오히려 그것을 착취하기 일쑤였습니다.

율법사들은 이렇게 명예를 위해 자신의 직위를 악용했습니다. 예수님은 그들이 받을 심판의 엄중함을 경고하셨습니다. 명예는 존귀하고 영화롭습니다. 그러나 명예욕이 되면 누군가가 고통을 당합니다. 그리스도인의 직분과 역할은 순수해야 합니다. 명예욕에 빠지지 말고, 의롭고 선한 일에 앞장서야 합니다.

기도

허울뿐인 신앙을 회개하고 겸손히 이웃을 섬기며 의롭고 선한 길로 나아가게 하소서. 순수한 믿음의 길을 걸을 수 있게 도와주소서. 아멘.

19

3·11
수요일

가난한 과부의 헌금

누가복음 21장 1~4절

이르시되 내가 참으로 너희에게 말하노니 이 가난한 과부가 다른 모든 사람보다 많이 넣었도다 (3)

예수님은 부자들과 가난한 과부의 헌금을 대조함으로써 그들의 신앙과 경건의 차이를 말씀하셨습니다. 가난한 과부가 드린 헌금은 두 렙돈입니다. 렙돈은 헬라의 가장 작은 단위의 화폐로, 이 동전 두 닢은 당시 하루 품삯의 64분의 1밖에 되지 않는 적은 금액입니다.

그런데 예수님은 이 여인이 부자들보다 많이 드렸다고 말씀하셨습니다. 이는 예수님이 얼마나 많이 바쳤는지를 보시지 않고, 바치고 남은 것이 얼마인지를 보셨기 때문입니다. 부자들은 자신의 풍족한 재산 중 일부를 드린 반면, 과부는 생활고 가운데서도 자신이 가진 전부를 드린 점을 칭찬하신 것입니다.

헌금은 은혜와 믿음으로 드리는 헌신입니다. 믿음으로 드리면 아깝고 인색한 마음이 들지 않고 감사와 기쁨이 넘칩니다. 믿음으로 성별한 헌금은 우쭐함이나 부끄러움의 이유가 될 수 없습니다. 헌금은 사람에게 보이기 위한 것이 아니기 때문입니다. 분명 부자들이 드린 액수가 과부의 그것보다 큽니다. 그러나 주님께는 '많이'가 아니라 '전부'가 중요합니다. 그래서 가난한 과부가 드린 두 렙돈이 참된 헌금입니다.

또한 드리지 못하는 것과 안 드리는 것은 전혀 다릅니다. 재물이 차고 넘쳐도 믿음이 없으면 드리지 못합니다. 그러나 헌신하려는 믿음이 있음에도 드리지 못하는 것, 더 많이 드리고 싶은데 그러지 못하는 것을 하나님은 아십니다. 헌신의 정도는 양이 아니라 내용으로 알 수 있습니다.

헌신은 그에 합당한 행동이 있어야 합니다. 입으로 아무리 헌신을 외쳐도 한 번의 행위나 일시적인 노력은 헌신이라고 할 수 없습니다. 참되게 헌신하는 자는 언제나 성실하며, 속이거나 교만하지 않고, 인정받기 위함이 아니라 헌신 자체로 만족하고 기뻐합니다. 내 모습은 어떻습니까? 헌신된 사람을 찾기 전에 내가 먼저 헌신하는 자로 하나님과 사람들을 감동시켜야 합니다.

기도

풍족함 속에서도 인색했던 마음을 회개하게 하소서. 자신의 전부를 드린 가난한 과부의 심정으로 나의 재물, 시간, 재능을 기쁨과 감사로 드리게 하소서. 아멘.

3·12
목요일

연합의 아름다움

시편 133편 1~3절

보라 형제가 연합하여 동거함이 어찌 그리 선하고 아름다운고 (1)

오늘 본문은 다윗의 시로, '성전에 올라가는 노래'라는 표제가 붙어 있습니다. 이스라엘 백성이 성전에 올라간 것은 함께 모여 하나님께 예배하기 위함이었습니다. 이처럼 예배자들에게는 형제와 연합하는 아름다움이 있어야 합니다. 여기서 형제는 혈육뿐 아니라 성전 순례에 참여하는 모든 사람을 뜻합니다. 연합의 아름다움은 신앙 공동체가 화해와 일치를 통해 예배할 때 이룰 수 있습니다.

시인은 연합의 아름다움을 두 가지로 비유했습니다. 첫째, 머리에 부은 보배로운 기름이 아론의 옷깃까지 내림 같다고 했습니다. 여기서 '머리에 부은 기름'은 성별(聖別)을 나타내는 표현입니다. 즉 예배하러 성전에 올라가는 공동체는 하나님께서 거룩하게 구별

하신 사람들이요, 그들이 연합하여 사랑과 우애를 나누는 것은 거룩한 일임을 의미합니다.

둘째, 헐몬의 이슬이 시온에 내림 같다고 했습니다. 헐몬산은 요단강 물줄기의 근원이고, 시온은 하나님께서 영생의 복을 약속하신 곳입니다. 그리고 이슬은 하나님의 복을 상징합니다. 즉 이 구절은 하나님의 은혜와 복이 예배 공동체에 풍성히 임하는 모습을 묘사합니다.

미국의 교회컨설팅 전문가 톰 레이너(Thom S. Rainer)는 미국교회의 최대 약점을 '연합하지 못함(disunity)'이라고 보았습니다. 그러면서 연합을 깨뜨리는 14가지 요소를 꼽았는데, 험담(Gossip), 자기중심적인 교인들, 기도 부족, 위선, 반대, 파워 그룹 형성 등이 었습니다. 레이너는 "교회의 연합을 깨뜨리는 이것들은 은밀하게 서서히 퍼지면서 교회를 무너뜨린다."라고 지적했습니다.

화목하고 즐거운 교회는 목자와 성도가 연합하고, 성도 간에 서로 연합할 때 세울 수 있습니다. 성전에서 예배할 때마다 하나님의 말씀과 기도로 하나 되어 교제하는 공동체임을 확인해야 합니다. 성도의 교제는 선교의 강력한 동력이기 때문입니다. 신앙 공동체의 연합은 오직 하나님의 말씀과 기도로 가능합니다.

기도

상처와 갈등을 넘어 화해와 일치로 나아가게 하소서. 우리 교회가 하나 되는 아름다움을 세상에 보여 줌으로 주님의 영광을 드러내게 하소서. 아멘.

3·13
금요일

봉사와 보상

사무엘하 19장 31~39절

백성이 다 요단을 건너매 왕도 건너가서 왕이 바르실래에게 입을 맞추고 그에게 복을 비니 그가 자기 곳으로 돌아가니라 (39)

다윗은 통일왕국 이스라엘을 부강한 나라로 만들어 안정과 번영을 누렸습니다. 그러나 그에게는 갖가지 정치적 위기가 많았습니다. 끝내는 아들 압살롬의 반란으로 왕궁에서 비참하게 쫓겨나 도망 다니는 신세가 되었습니다. 누구보다 피난 생활 경험이 많은 그였지만, 아들에게 권력을 빼앗기고 망명하는 길은 그때와는 감히 비교할 수 없는 괴롭고 시린 고통의 시간이었습니다.

다윗의 망명 생활과 귀환 과정에서 인상적인 사람은 바르실래입니다. 그는 여든 살의 노인으로, 거부였으며 위기를 만난 약자를 도울 줄 아는 사람이었습니다. 다윗이 마하나임에 머무를 때 많은 양식을 가지고 와서 시장하고 곤고한 백성을 먹이며 위로했습니다. 그런데 이는 다윗의 요청으로 된 일이 아닙니다. 고난당하는 사람을 돌아보는 바르실래의 연민과 사랑에서 비롯된 일입니다. 그는 관대하고 덕이 있는 사람이요, 재물을 바르게 쓸 줄 아는 사람이었습니다.

다윗은 압살롬의 반란을 진압하고 왕궁으로 돌아갈 때 바르실래에게 함께 가자고 요청했습니다. 하지만 그는 정중히 거절했습니다. 자신이 앞으로 좋은 날을 보면 얼마나 보며, 맛있는 음식을 먹으면 얼마나 더 먹고, 향락을 즐기면 얼마나 즐기겠느냐고 했습니다. 이 말은 여생을 포기한 염세주의자의 넋두리가 아닙니다. 마음을 다해 기쁘게 봉사하고 그에 대한 보상에는 초연한 사람이 할 수 있는 현실을 초월한 고백입니다. 살다 보면 확고한 집념으로 목표에 도전해야 할 때도 있지만, 바르실래처럼 초월해야 할 때도 있음을 기억해야 합니다.

바르실래는 순수한 봉사심으로 다윗을 도왔습니다. 왕인 다윗에게도, 인간 다윗에게도 온전히 충성했습니다. 이것이 그의 충성과 봉사가 빛나는 이유입니다. 바르실래는 망명자든 왕이든 한결같은 마음으로 대할 줄 아는 성숙한 사람이요, 보물을 하늘에 쌓은 사람입니다.

기도

위기에 처한 다윗도 같은 마음으로 섬긴 바르실래의 삶의 자세를 본받게 하소서. 어떠한 보상도 바라지 말고 묵묵히 봉사함으로 하늘에 보물을 쌓는 지혜를 배우게 하소서. 아멘.

22

3·14
토요일

평화의 길

이사야 11장 6~9절

그 때에 이리가 어린 양과 함께 살며 표범이 어린 염소와 함께 누우며 송아지와 어린 사자와 살진 짐승이 함께 있어 어린 아이에게 끌리며 (6)

인류 역사에서 전쟁과 분쟁은 끊이지 않았습니다. 그 밑바탕에는 인간의 소유욕이 자리하고 있습니다. 남보다 더 가지려는 욕망에서 비롯된 이해관계의 충돌이 갈등의 원인입니다. 이러한 인간 세상에 예수님은 '평화의 왕'으로 오셨습니다. 누가복음은 예수님의 탄생을 '하늘에는 영광, 땅에는 평화(눅 2:14)'라고 했습니다. 예수님이 부활하신 후에 갈릴리에서 제자들을 다시 만나셨을 때도 "평안하냐(마 28:9)."라고 인사하셨습니다.

예수님은 산상수훈에서 "평화를 위하여 일하는 사람은 행복하다. 그들은 하나님의 아들이 될 것이다(마 5:9, 공동번역)."라고 가르치셨습니다. 주님이 말씀하신 평화는 단순히 전쟁과 폭력이 없는 상태를 뛰어넘습니다. 오늘 본문에서 그 모습을 엿볼 수 있습니다.

이사야는 메시아가 오심으로 이루어질 진정한 평화의 세상을 그려냅니다. '이리와 어린 양, 표범과 어린 염소, 송아지와 어린 사자, 살진 짐승과 어린아이'가 공존할 것이라고 합니다. 서로 이질적이지만 어울려 조화를 이뤄 온전하고 충만해진 모습입니다. 이것이 평화입니다.

평화는 정의와 분리될 수 없습니다. 이사야 선지자는 '평화는 정의의 결과'라고 선포했고, 시편 저자는 '정의와 평화가 서로 입을 맞춘다'는 시적 표현으로 둘의 밀접한 관계를 설명했습니다(시 85:10~13). 정의가 실현되는 곳에 하나님의 평화가 임합니다.

이러한 평화는 어느 한 영역에 머물러서는 안 됩니다. 우리 삶의 모든 영역, 즉 가정과 교회, 사회와 국가, 나아가 지구촌 모든 곳에서 이루어져야 합니다. 평화는 나를 위한 것이며, 또한 우리 모두를 위한 일입니다. 그러므로 우리에게는 평화를 이루어가야 할 사명이 있습니다. 평화의 왕으로 오신 예수님을 따라 평화의 길을 걸어가야 합니다.

기도

하나님의 자녀답게 세상의 평화를 위해 일하게 하소서. 내 것을 기꺼이 나누고 내려놓음으로 만물의 어울림과 조화를 체험하게 하소서. 아멘.

23

3·16
월요일

교회 이해

데살로니가전서 1장 2~7절

너희의 믿음의 역사와 사랑의 수고와 우리 주 예수 그리스도에 대한 소망의 인내를 우리 하나님 아버지 앞에서 끊임없이 기억함이니 (3)

교회는 두 종류로 나뉩니다. 세상을 향해 선교의 문을 여는 교회가 있는가 하면 닫는 교회도 있습니다. 선교의 문을 여는 교회는 복음으로 시대와 사회에 응답합니다. 반면 문을 닫는 교회는 세상의 요구나 변화에 무관심하고 세상과 교류를 끊은 채 홀로 만족합니다. 우리는 '세상에 꼭 있어야 할 칭찬 듣는 교회'를 꿈꾸며 나아가야 합니다. 그러나 세상이 기뻐하고 좋아하는 교회가 모두 옳은 교회는 아니라는 사실 역시 잊어서는 안 됩니다.

데살로니가 교회에는 '믿음의 역사(work)'가 있었습니다. 믿음의 역사는 용기 있는 결단과 삶의 변화를 일으킵니다. 히브리서 11장에 열거된 믿음의 선조들은 행동으로 자기 믿음을 증명했습니다.

또한 데살로니가 교회에는 '사랑의 수고'가 있었습니다. 사랑은 향기롭고 달콤하기만 하지 않고 고통과 아픔이 따릅니다. 토마스 아 켐피스는 "고통이 없는 사랑에는 생명이 없다."고 역설했습니다. 희생과 수고가 없는 사랑은 생명이 될 수 없습니다. 예수님의 십자가 보혈이 하나님의 사랑을 증명하는 이치입니다. 세상의 '의'만 강조하면 그리스도의 십자가 사랑을 잃어버리고 맙니다.

끝으로 데살로니가 교회에는 '소망의 인내'가 있었습니다. 소망을 품은 사람은 낙심하지 않습니다. 영화 〈쉰들러 리스트〉의 주제처럼 '한 생명을 살리는 것이 세상을 살리는 것'이라는 소망을 품고 어둠에서 빛으로, 죽음에서 생명으로 나아갑니다.

바울은 데살로니가 교회를 생각하며 기도할 때마다 항상 하나님께 감사했습니다. 많은 싸움 중에 복음을 전했다고 회고할 정도로 이방 도시에 이 교회를 세우는 것이 어려웠지만(살전 2:2), 이제 칭찬거리가 넘쳐나는 진정한 교회가 되었기 때문입니다.

참된 주님의 교회는 믿음과 사랑과 소망으로 견고해지는 교회입니다. 사순절은 우리 교회의 모습을 돌아보며 내가 어떤 역할을 할 수 있을지 깨닫고 결단하는 절기입니다.

기도

우리 교회에도 믿음의 역사, 사랑의 수고, 소망의 인내가 넘치게 하소서. 세상을 향해 선교의 문을 여는 교회가 되게 하소서. 세상으로 함께 나아갈 방법을 찾고 행하게 하소서. 아멘.

3·17
화요일

군중과 증인

마가복음 3장 7~12절

유대와 예루살렘과 이두매와 요단 강 건너편과 또 두로와 시돈 근처에서 많은 무리가 그가 하신 큰 일을 듣고 나아오는지라 (8)

프랑스 의사 귀스타브 르 봉의 책 『군중심리』는 대중의 심리와 행동에 관한 최고의 분석서로 꼽힙니다. 저자는 18세기 말 프랑스 혁명 이후 군중이 세력화하는 과정을 보면서 그들의 특징에 관심하기 시작했습니다. 그 결과 군중은 논리가 아니라 감정으로 판단하고, 똑똑한 개인도 군중이 되는 순간 우매해지며, 일체감을 형성하기 어렵고, 쉽게 깨지는 경향을 보인다고 주장했습니다.

예수님의 치유 사역이 널리 알려지면서 많은 병자가 예수님을 만나려고 몰려왔습니다. 그 능력이 얼마나 대단했는지 더러운 귀신들조차 예수님 앞에 엎드려 "당신은 하나님의 아들이니이다(11)."라고 부르짖을 정도였습니다.

우리는 오늘 말씀 중 "많은 무리가 그가 하신 큰 일을 듣고 나아오는지라(8)."는 구절에서 교회의 역할을 깨달을 수 있습니다. 교회는 어떤 신념과 사상을 전달하는 곳이 아니라 군중을 그리스도에게로 인도하는 공동체입니다.

현대인은 개성과 다양성을 바탕으로 한 자유분방한 삶, 일과 놀이로 육체의 만족과 자아를 실현하는 삶, 대면이 필요 없는 편리한 삶을 추구합니다. 브레이크 없는 자동차처럼 달리는 이 세대의 내면에는 나와 세상의 본질을 찾고 깨달을 성소가 없습니다. 그저 재미와 즐거움, 단편적 인간관계로 만족합니다. 그마저도 소속감과 결집력이 없어서 마음에 들지 않으면 쉽게 좌절하고 떠납니다. 그들에게 영원하고 참된 진리이신 예수님을 알려야 합니다.

예수님의 증인에게는 체험과 더불어 삶으로 증언하는 능력이 있어야 합니다. 마가복음은 복음의 증인에게 다섯 표적이 따를 것이라고 기록하는데, 그것은 귀신 추방, 새 방언을 말함, 뱀을 집어 올림, 독을 마셔도 해를 입지 않음, 병 고침입니다(막 16:17). 이것은 복음의 증인이 세상에 드러낼 복음의 능력입니다. 교회는 군중을 예수님께로 이끌어 증인으로 살게 할 사명이 있습니다. 사명을 위해 나아가는 이들에게 주님이 복음의 능력을 채워 주십니다.

기도

세류에 밀려다니는 군중이 아니라 주님의 복음을 깨닫고 증언하는 증인으로 살게 하소서. 날마다 하나님 말씀으로 양육받고 성령의 능력을 체험함으로 온전히 서게 하소서. 아멘.

3·18
수요일

예수님의 안식일 명령

마가복음 3장 1~6절
그 사람에게 이르시되 네 손을 내밀라 하시니 내밀매 그 손이 회복되었더라 (5하)

예수님과 유대교 지도자들 사이에 안식일법을 두고 의견 충돌이 일어났습니다. 어느 날 예수님이 회당에 가셨습니다. 그곳에는 산헤드린에서 파견된 조사위원들이 예수님의 말과 행위를 책잡기 위해 포진해 있었습니다. 마침 그날이 안식일이었기에 그들은 예수님이 손 마른 사람에게 어떻게 하시는지 주시했습니다.

원어를 보면 이 사람의 장애는 후천적인 것으로, 어떤 질병이나 사고로 근육이 마비되어 활동력을 완전히 상실한 상태입니다. 전설에 따르면 그는 석수(석공)였습니다. 손을 많이 쓰는 직업 특성상 그의 고통과 수치심은 매우 깊었을 것입니다.

성경은 손 마른 사람의 심리적 상실감을 말하지 않습니다. 그러나 예수님의 관심은 그의 상실된 삶을 치유하여 일상으로 돌아가게 하는 것이었습니다.

당시 병을 고치는 행위는 일로 여겼기에 안식일에는 병이 심해지는 것을 방지할 수는 있어도 낫게 하는 것은 허용되지 않았습니다. 회당에 온 손 마른 자는 안식일법 때문에 자신의 고통을 호소할 길이 없었습니다. 안식일법은 한 개인의 고통과 소외의 문제를 해결하지 못했습니다. 안식일법처럼 굳어진 당시의 관습은 약자에게 넘기 힘든 거대한 벽이었습니다.

그러나 예수님은 안식일에 손 마른 자를 품어 주시고 그가 꿈을 실현할 수 있게 치료하셨습니다. 병자의 몸과 마음을 회복시키는 것이 예수님께서 안식일 명령을 하신 목적이었습니다.

이렇게 볼 때 안식일법의 노예가 된 유대 종교 지도자들이 오히려 손 마른 자들입니다. 그들은 회복의 기적을 직접 목격하면서도, 예수님을 죽일 방법에만 몰두하여 제대로 보지 못했습니다.

안식일이라고 손 마른 사람의 고통이 멈추지 않으며 불편이 사라지지 않습니다. 예수님의 안식일 명령은 고통받는 이들의 오늘을 위한 것이며, 바로 지금 삶이 회복되고 치유되는 기적입니다.

기도

지금까지 당연한 듯 여겼던 것들이 다른 사람을 괴롭게 하지는 않는지 돌아보게 하소서. 신앙이 나 자신과 이웃을 회복시키는 기적이 되게 하소서. 아멘.

3·19
목요일

탐욕은 사랑이 아니다

민수기 11장 31~35절

고기가 아직 이 사이에 있어 씹히기 전에 여호와께서 백성에게 대하여 진노하사 심히 큰 재앙으로 치셨으므로 (33)

이집트와 이스라엘의 오랜 역사와 문화를 살피다 보면, 인간의 지혜가 얼마나 위대한지 새삼 감동과 감탄이 우러나옵니다. 그런데 다른 한편으론 그 이면에 드리운 인간의 악함을 돌아보게도 됩니다. 지배자들은 자기 힘을 과시하고 더 큰 영화를 누리기 위해 백성을 끊임없이 수단화했습니다. 강제 노역에 동원하고, 과중한 세금을 부과하며, 전쟁터로 내몰았습니다. 어찌 보면 권력자의 영광은 그의 탐욕에 희생된 백성의 고혈일 수도 있습니다.

출애굽 후 이스라엘 백성은 광야에서 마음껏 여호와를 섬기며 찬양했습니다. 그러나 시간이 흐르면서 그들의 마음에 점차 기쁨과 소망이 사라지고 후회와 원망이 그 자리를 대신했습니다. 열악한 환경과 고단한 여정에 불만을 품은 그들은 탐욕스럽고 포악해졌습니다.

만나를 처음 봤을 때 이스라엘 백성은 그 신비한 식물에 감탄했습니다. 가는 곳마다 만나가 내린 것은 하나님이 그들과 함께하셨다는 은혜의 증거입니다. 그러나 어느 순간부터 백성은 모이면 고기를 찾았습니다. 맛있는 것이 없다고, 만나는 이제 지긋지긋하다고 불평하며 애굽의 삶을 그리워했습니다(민 11:4~9). 탐욕에 사로잡힌 그들은 감사와 찬양을 잊고 분별력도 잃어버렸습니다.

이렇게 이스라엘이 본분을 망각하고 탐욕을 드러냈을 때 죽음이 그들을 덮쳤습니다. 만나를 풍족히 먹으면서도 영양부족으로 죽을 것 같다고 생각했던 그들은 결국 고기를 씹어 미처 삼키지도 못한 채 기브롯 핫다아와, 즉 탐욕의 무덤에 묻히고 말았습니다.

소유가 행복과 평화를 보장해 주지 않습니다. 그런데도 인간은 여전히 고기 줄 사람을 찾습니다. 탐욕은 생명을 경시하게 하고, 평화를 깨뜨립니다. 지금 창조 세계가 신음하고 있는 것도 인간의 탐욕 때문입니다. 탐욕은 모든 생명을 죽음에 이르게 합니다.

기도

하나님이 주신 풍성한 은혜를 깨달아 탐욕을 버리고 만족하는 삶을 살게 하소서. 욕심은 나와 이웃을 죽음에 이르게 하는 죄임을 알게 하소서. 아멘.

3·20
금요일

데라의 가족

창세기 11장 27절~12장 4절

데라의 족보는 이러하니라 데라는 아브람과 나홀과 하란을 낳고 하란은 롯을 낳았으며 (27)

족장들의 역사는 데라와 그 자손에서 시작합니다. 데라에게는 세 아들, 즉 아브람과 나홀과 하란이 있었습니다. 그리고 하란은 롯을 낳았습니다. 그런데 하란이 갈대아 우르에서 일찍 세상을 떠나고 말았습니다. 데라는 집안의 가장으로서 어린 손자 롯의 양육을 책임져야 했습니다.

데라는 먼저 보낸 아들을 보는 심정으로 손자 롯을 품었습니다. 롯이 느낄지도 모를 빈자리를 따뜻한 사랑과 배려로 채워 주고자 했습니다. 데라는 롯을 데리고 하란 땅으로 옮겨서 그곳에 정착했습니다. 그리고 거기서 생을 마감할 때까지 그를 정성껏 보살폈습니다. 그 후에는 아브라함이 롯의 후견인이 되어 그가 가정을 이루고 분가할 때까지 계속해서 돌보았습니다.

그렇게 함께하던 어느 날 아브라함의 목자들과 롯의 목자들 사이에 다툼이 일어났습니다. 아브라함은 조카와 갈등을 피하고자 분가를 결정하고, 롯에게 목축지를 선택하라고 제안했습니다. 롯은 삼촌에게 좋은 땅을 양보하지 않고 자신이 먼저 차지했습니다. 이는 지금껏 돌봐준 아브라함의 은혜를 충분히 이해하지 못한 행동이고, 미성숙한 모습입니다. 그의 물질적 인생관을 보여 주는 대목이기도 합니다.

데라의 가족은 롯을 소중하게 여겼습니다. 데라는 손자를, 아브라함은 조카를 깊은 관심과 사랑으로 돌보며 함께해 주었습니다. 그들의 모습에서 우리는 나를 향한 하나님의 마음을 짐작해 보게 됩니다.

롯처럼 여전히 세상의 풍요를 좇는 데 관심이 많은 우리를 하나님은 외면하지 않고 사랑하십니다. 상처 입은 혈육을 끝까지 품었던 데라의 가족처럼, 하나님은 우리를 끝까지 포기하지 않고 사랑하십니다. 그 사랑이 바로 십자가의 사랑입니다.

기도

우리를 끝까지 포기하지 않으신 주님의 십자가 사랑을 깊이 묵상하게 하소서. 한없는 사랑을 넘치게 받은 자로서 우리도 누군가에게 그 사랑을 전하게 하소서. 아멘.

3·21
토요일

상한 감정을 치유할 도피성

민수기 35장 9~15절

너희를 위하여 성읍을 도피성으로 정하여 부지중에 살인한 자가 그리로 피하게 하라 (11)

이스라엘에는 도피성 제도가 있었습니다. 비록 죄인이라도 공정한 재판을 받을 때까지 목숨을 보존하도록 그를 피신시키고 보호하는 제도입니다. 하나님께서 도피성을 만들게 하신 것은 실수로 저지른 살인 때문에 피의 보복을 당하지 않게 하려는 이유였습니다. 즉 도피성은 하나님의 공의와 긍휼을 보여 주는 장소입니다.

이스라엘 전역에 도피성이 6곳 있었는데(수 20:7~8), 요단 동편에 3곳(베셀, 길르앗 라못, 바산 골란), 서편에 3곳(갈릴리 게데스, 세겜, 헤브론)이었습니다. 이렇게 여러 곳으로 나누어 정한 것은 이스라엘 어디서든 하루 정도면 도착할 수 있게(48km 이내) 하기 위함이었습니다. 성으로 가는 길은 폭이 40m 정도가 되도록 넓게 닦았고, 길목에는 표지판을 크게 세워 쉽게 찾을 수 있게 했습니다. 그리고 성안에는 생활에 필요한 다양한 물품들을 준비해 놓았습니다. 도피성은 이렇게 원하는 사람은 누구든 언제나 쉽게 찾아와 몸과 마음을 치유받고 살길을 찾을 수 있는 곳이었습니다.

마음을 다쳐 피할 곳을 찾는 현대인들에게도 도피성이 필요합니다. 사람들은 항상 무언가에 쫓기듯 앞만 보고 달려가지만, 그럴수록 염려와 근심은 많아지고 경쟁에 지쳐 기진합니다. 내면은 점점 피폐해지고 일탈과 중독은 걷잡을 수 없습니다. 이렇게 상처 입고 절망하는 사람들이 찾아갈 곳이 필요합니다. 세상살이가 힘들어 고통받는 이들, 허물과 죄 때문에 괴로워하는 이들 모두 보호받고 평안을 얻을 곳이 있어야 합니다.

그들에게 영적 도피성은 어디일까요? 마음의 상처는 아름다운 자연, 맛난 음식, 레저 활동으로 치유되지 않습니다. 세상의 어떤 검보다 예리하여 내면 깊숙한 곳까지 이를 수 있는 하나님의 살아 있는 말씀으로만 가능합니다. 또한 불의 혀처럼 각 사람에게 임해 마음을 감동시키는 성령의 능력으로만 할 수 있습니다. 우리 교회가 성령의 능력 아래서 하나님 말씀을 선포함으로 그들의 상한 감정을 치유하는 도피성이 되어야 합니다.

기도

상처 입은 이들을 품어 주는 든든한 도피성이 되게 하소서. 그들이 우리 안에서 참된 안정과 평화를 경험함으로 주님께 돌아오는 역사가 있게 하소서. 아멘.

3·23
월요일

하나님 말씀이 답이다

열왕기하 22장 3~13절

왕이 율법책의 말을 듣자 곧 그의 옷을 찢으니라 (11)

사울 왕부터 시작된 이스라엘 왕조는 BC 587년 유다가 멸망할 때까지 이어졌습니다. 그동안 세워진 40여 명의 왕은 대부분 여호와 보시기에 악을 행했습니다. 통일왕국이 솔로몬의 실정과 타락으로 둘로 나뉜 후 북이스라엘은 우상 숭배에 빠지고, 외세의 침략을 막아내지 못했으며, 20명의 왕 중 7명이 암살되는 등 하나님의 심판을 받았습니다.

반면 남유다의 16대 왕 요시야는 히스기야와 더불어 선한 왕으로 꼽힙니다. 그는 8세에 왕위에 올라 31년간 다스렸는데, 성경은 그가 여호와 보시기에 정직히 행하고, 다윗의 길로 걸으며, 좌우로 치우치지 않았다고 증언합니다(대하 34:2). 이러한 칭송의 근거는 그의 강력한 종교 개혁이었습니다.

요시야는 재위 18년째에 여호와의 성전을 수리했습니다. 그런데 성전 공사 중에 율법책이 발견되었습니다. 서기관 사반을 통해 율법의 말씀을 들은 요시야는 자신들이 하나님의 뜻에서 얼마나 멀어졌는지를 깨닫고 옷을 찢으며 회개했습니다. 그리고 장로들을 비롯한 지도자뿐 아니라 모든 백성과 더불어 율법책에 기록된 언약의 말씀을 이루기로 결단했습니다.

요시야는 먼저 우상 숭배에 쓰이던 물건들과 아세라 상을 여호와의 성전에서 내다가 기드론 계곡에서 불사르고, 그 재를 이교 숭배의 중심지인 벧엘에 뿌렸습니다. 이교도의 제사장들을 몰아내고 산당을 헐고, 신접한 자, 점쟁이, 우상과 모든 가증한 것을 제거했습니다. 그리고 언약책에 기록된 대로 하나님께 감사하는 유월절을 지켜 여호와 신앙을 회복하게 했습니다.

요시야의 종교 개혁은 율법책에서 시작되었습니다. 요시야는 말씀을 귀로 듣고 마음으로 이해하고 몸으로 행했습니다. 예수님은 "누구든지 나의 이 말을 듣고 행하는 자는 그 집을 반석 위에 지은 지혜로운 사람 같으리니(마 7:24)."라고 하셨습니다. 말씀을 듣고 행하는 자의 집은 절대 무너지지 않습니다. 그 집을 반석 위에 세운 까닭입니다. 하나님 말씀이 답입니다.

기도

우리 삶에 말씀을 회복하게 하소서. 두려움 앞에서도 순종으로 응답하는 언약 백성으로서 말씀 위에 굳게 서서 흔들리지 않게 하소서. 아멘.

3·24
화요일

여인의 믿음, 예수님의 선언

마태복음 15장 21~28절

이에 예수께서 대답하여 이르시되 여자여 네 믿음이 크도다 네 소원대로 되리라 하시니 그 때로부터 그의 딸이 나으니라 (28)

세상에서 가장 강한 이름을 하나 꼽으라면 그것은 '어머니'입니다. 특히 자녀가 고통받고 있을 때, 어머니의 사랑은 불가능을 가능케 하는 초월적인 힘을 발휘합니다.

예수님이 두로와 시돈 지역을 여행하시는 중에 한 가나안 여인을 만났습니다. 귀신 들린 딸을 둔 어머니였습니다. 그는 자존심과 체면을 모두 내려놓고 예수님 앞에 엎드렸습니다. 그리고 "주 다윗의 자손이여 나를 불쌍히 여기소서."라고 외쳤습니다. 딸의 고통을 자신의 고통으로 여기는 한 어미의 애타는 절규였습니다.

그러나 예수님의 대답은 냉담했습니다. "나는 이스라엘 집의 잃은 양에게만 보내심을 받았다. 자녀의 떡을 취하여 개에게 줄 자가 없다."라고 말씀하셨습니다. 여인의 가장 약한 곳을 찌르는 비수 같은 말이었습니다. 그러나 여인은 그대로 주저앉지 않았습니다. "주님, 그렇습니다. 그러나 개들도 주인의 상에서 떨어지는 부스러기는 얻어먹습니다."라고 스스로 낮추며 주님의 자비를 간구했습니다. 그분만이 자신의 아픔을 해결해 줄 수 있으리라 믿었기에 모든 것을 걸고 매달린 것입니다.

예수님은 여인의 믿음에 감탄하시며 "네 믿음이 크다. 네 소원대로 될 것이다."라고 선언하셨습니다. 예수님의 선언과 동시에 여인의 딸에게서 귀신이 나갔습니다.

이방인이라는 이유로 당하는 차별과 거절의 현실이 얼마나 뼈아팠을까요? 그럼에도 여인을 끝까지 움직인 것은 오직 '내 아이를 살려야 한다'는 절박한 믿음이었습니다. 그의 믿음이 예수님의 치유 선언을 듣게 했습니다. 딸을 살리고 회복시켰습니다.

한 인생을 바로 세우는 일은 누군가의 믿음에서 시작합니다. 그를 위해 자신의 모든 것을 포기하며 무릎으로 나아가는 사람의 소원을 주님이 이루어 주십니다.

기도

확고하고 끈기 있는 믿음을 허락해 주소서. 특히 자녀와 이웃의 아픔을 내 아픔으로 여기며 그를 위해 나를 내어주는 희생의 마음을 부어 주소서. 아멘.

31

3·25
수요일

신앙의 처음, 갈릴리

마태복음 4장 18~25절

갈릴리 해변에 다니시다가 두 형제 곧 베드로라 하는 시몬과 그의 형제 안드레가 바다에 그물 던지는 것을 보시니 그들은 어부라 (18)

갈릴리와 예루살렘은 이스라엘을 대표하는 두 도시입니다. 그런데 역사적으로 둘은 전혀 달랐습니다. 예루살렘은 정치와 종교 권력자들의 도시였습니다. 화려함과 영광의 도시, 권력으로 착취의 칼을 휘두른 사람들의 도시였습니다. 그래서 의로운 일보다 죄악이 많고, 생명보다 죽음이 지배했습니다. 반면 갈릴리는 화려한 것보다 추한 것이 많고, 권력자보다 소외된 이들이 많았으며, 부유한 자보다 가난한 자, 뺏는 자보다 빼앗기는 자가 많았습니다.

이런 갈릴리가 예수님이 공생애 사역을 하신 주 무대입니다. 이곳에서 제자들을 부르시고, 그들과 함께 두루 다니며 병든 자를 치유하고, 자유 잃은 자를 위로하며, 민중의 눈물을 닦아 주셨습니다. 또한 갈릴리에서 많은 기적을 행하셨습니다. 물로 포도주를 만들고, 풍랑 이는 바다를 잔잔케 하며, 오병이어로 굶주린 사람들을 배불리 먹이셨습니다. 영생의 기쁨을 알려 주시고, 죄 용서와 구원을 선포하셨습니다. 예수님의 구원 사역으로 갈릴리는 죽음이 아닌 생명이, 절망이 아닌 소망이, 불의가 아닌 진리가 용솟음치는 곳이 되었습니다.

제자들은 이 모든 일의 목격자요, 경험자였습니다. 그들에게 갈릴리는 '처음'을 의미했습니다. 처음 예수님을 만나고, 처음 복음을 듣고, 처음 구원을 깨닫고, 처음 새 삶을 시작한 곳입니다. 예수님과의 추억이 가득한 장소입니다. 후에 부활하신 예수님은 제자들에게 이 추억의 현장에서 다시 만나자고 말씀하셨습니다. 두려움에 떨며 잔뜩 웅크린 그들이 되살아나 복음의 증인으로 살게 하시려는 의도였습니다.

우리에게도 처음이 있었습니다. 사망에서 생명으로 옮겨진 신앙의 첫 시작, 기쁨과 열정 가득한 갈릴리가 있었습니다. 그런데 지금 내 모습은 어떻습니까? 여전히 주님의 사랑과 은혜를 몸과 마음으로 체험하며 감격하고 있습니까? 사순절은 내 신앙의 처음을 떠올리는 시간입니다. 주님을 다시 만나기 위해 갈릴리로 돌아가는 시간입니다. 거기서 주님이 나를 기다리고 계십니다.

기도

부르심의 순간, 처음 사랑을 기억하게 하소서. 그 속에서 주님을 다시 만나 열정과 기쁨 가득한 신앙의 삶을 회복하게 하소서. 아멘.

3·26
목요일

눈물의 영성

요한복음 11장 17~44절

예수께서 눈물을 흘리시더라 이에 유대인들이 말하되 보라 그를 얼마나 사랑하셨는가 하며 (35~36)

벨기에의 연출가이자 안무가인 얀 파브르(Jan Fabre)는 〈눈물의 역사〉라는 뮤지컬을 통해 눈물의 심리적, 사회적 의미를 탐구했습니다. 이 작품은 그의 과거 실험, 즉 세 종류의 눈물로 그림을 그린 실험에서 싹텄습니다. 파브르는 양파를 깔 때 나오는 화학적 눈물, 기쁘거나 슬플 때 흘리는 정서적 눈물, 음악이나 그림에 감동했을 때 흘리는 영적 눈물로 각각 그림을 그렸습니다. 실험 결과 도화지에 가장 또렷한 흔적을 남긴 것은 영적 눈물이었다고 합니다.

눈물을 많이 흘리는 사람이 건강합니다. 여자가 남자보다 장수하는 까닭이 더 잘 울기 때문이라는 주장도 있습니다. 그런데 우리 사회는 눈물을 연약함이나 패배의 상징으로 인식하는 경향이 있습니다. 그래서 눈물 흘리는 것을 부정적으로 여기며 감정을 억제하도록 가르칩니다. 이런 분위기가 우리 사회의 큰 문제인 과도한 스트레스와 분노, 폭음과 약물 중독 등으로 이어졌다고 보기도 합니다.

성경은 여러 인물의 눈물을 전해 줍니다. 눈물의 선지자 예레미야의 눈물은 그의 애가에서 확인할 수 있습니다. "눈물이 뺨에 흐름이여(1:2)", "눈물이 시내처럼 흐르도다(3:48)", "눈물이 그치지 아니하고 쉬지 아니함이여(3:49)" 등이 그가 민족을 위해 얼마나 많은 눈물을 흘렸는지 증언합니다. 또한 시편 저자들도 "나는 눈물 섞인 물을 마셨나이다(102:9)", "내 눈물이 시냇물 같이 흐르나이다(119:136)."라고 고백했습니다. 예수님 역시 나사로의 무덤 앞에서(요 11:35), 감람산에서 예루살렘 성을 바라보시며(눅 19:41), 겟세마네 동산에서 기도하며 눈물을 흘리셨습니다(히 5:7).

우리는 눈물이 메마른 사회를 살고 있습니다. 교회 안에서도 눈물을 찾아보기가 점점 어렵습니다. 회개의 눈물이 마른 성도가 늘고 있습니다. 시인 정호승은 "나는 눈물이 없는 사람을 사랑하지 않는다. … 나는 한 방울 눈물이 된 사람을 사랑한다."라고 노래했습니다. 교회는 눈물의 공동체여야 합니다. 회개의 눈물과 긍휼의 눈물로 세상을 적셔야 합니다. 하나님은 한 방울 눈물이 된 사람을 사랑하십니다.

기도

나와 이웃을 위해 눈물 흘릴 줄 아는 신앙인이 되게 하소서. 회개의 눈물과 긍휼의 눈물로 세상을 적시게 하소서. 우리의 눈물이 구원의 열매를 맺게 하소서. 아멘.

3·27
금요일

일터의 영성

다니엘 6장 1~5절

이는 그가 충성되어 아무 그릇됨도 없고 아무 허물도 없음이었더라 (4하)

그리스도인은 신앙과 세상 사이에서 자주 선택을 강요받습니다. 그래서 갈등합니다. 하지만 둘 중 한쪽만을 택하는 것은 올바른 신앙의 길이 아닙니다. 신앙과 세상을 배타적 관계로 두기보다 상호보완적인 관계로 이해하고 조화를 이루도록 해야 합니다. 그리스도인의 영성은 사회와 일터에서 더욱 능력을 발휘해야 합니다.

대한적십자사 부총재를 지낸 이영덕 장로가 남북적십자회담 수석대표로 활동하던 때의 일입니다. 그는 남북 이산가족 상봉을 위한 회담을 앞두고 여러 실무적 어려움과 큰 부담감으로 힘든 나날을 보내고 있었습니다. 이때 그가 택한 해결 방법은 기노였습니다. 이 역사적 사건이 하나님의 뜻이요 계획임을 확신했기에 3일간 금식하며 인도하심을 구했습니다. 후에 그는 당시의 모든 과정이 인간의 힘으로는 절대 불가능한 일이었다고 회고했습니다.

우리는 하나님이 세상의 창조자요 주관자이심을 고백합니다. 그런데 자주 그 세상을 이분법적으로 나누는 잘못을 저지릅니다. 하나님이 교회 밖에도 계시는 분임을 자꾸 잊어버립니다. 나를 내 가정에, 학교에, 모임에, 일터에 보내 주신 분이 바로 하나님입니다. 그리고 그 모든 곳에서 우리를 통해 매순간 당신의 뜻을 이루어 가십니다.

그러므로 그리스도인은 일터를 하나님의 '부르심(Calling)'과 '보내심(Vocation)'으로 이해해야 합니다. 그래서 항상 기도에 힘쓰며 진실과 성실로 맡은 바 책임을 다해야 합니다. 겸손과 사랑으로 섬겨 인정받고, 남보다 더한 수고로 일터를 빛나게 해야 합니다.

다니엘은 포로 신분으로 한 나라의 총리가 되었습니다. 주변의 끊임없는 견제와 모함에도 그가 무너지지 않았던 것은 믿음 위에서서 자기 임무에 충실하여 조금의 실책이나 허물도 없었기 때문입니다. 동료와 이웃이 나를 기독교인으로 알고 있다면, 나는 그들에게 움직이는 복음입니다. 나를 통해 그들이 하나님을 알고, 하나님 나라를 경험합니다. 이것이 일터의 영성이 중요한 이유입니다.

기도

보내심의 자리에서 부르심을 든든히 붙들게 하소서. 성실과 정직으로 주님을 드러내고, 맡겨 주신 모든 일로 주님께 영광을 돌림으로 일상이 예배가 되게 하소서. 아멘.

34

3·28
토요일

종려주일 퍼레이드

마가복음 11장 1~10절

나귀 새끼를 예수께로 끌고 와서 자기들의 겉옷을 그 위에 얹어 놓으매 예수께서 타시니 (7)

오래전 군사독재 시절, 학교에도 군사훈련과 관련된 행사가 많았습니다. 그중 하나가 열병식입니다. 운동장에서 조회를 마치고 교실로 들어가기 전 반드시 열병식을 했습니다. 전체주의 사회에서 독재자는 열병식을 통해 자신을 드높이고 백성 위에 군림하려는 욕망을 드러냈습니다.

그렇다면 예수님의 예루살렘 입성은 어땠을까요? 언뜻 겉모습은 비슷해 보일지 몰라도, 그 성격과 내용은 전혀 달랐습니다.

예수님이 예루살렘으로 향하시는 길은 환영인파로 가득했습니다. 길 양쪽에 늘어선 사람들은 자기의 겉옷과 종려나무 가지를 길에 펼쳤습니다. 그리고 예수님의 뒤를 따르며 "호산나 찬송하리로다 주의 이름으로 오시는 이여 찬송하리로다 오는 우리 조상 다윗의 나라여 가장 높은 곳에서 호산나(9~10)."라고 외쳤습니다.

땅에 옷과 나뭇가지를 펼쳐 놓는 것은 왕위에 오르는 왕을 맞을 때 행하던 관습입니다(왕하 9:13). 승리의 상징인 종려나무의 가지를 왕이 지나가는 길에 펴놓거나 손에 들고 흔들었습니다. 즉 사람들은 예수님의 예루살렘 입성을 왕의 등극으로 받아들인 것입니다.

한편 예수님은 예루살렘 입성을 위해 '아무도 타 보지 않은 나귀'를 준비시키셨습니다. 나귀를 타심으로 자신이 선지자들이 예언한 공의롭고 겸손한 구원의 메시아임을 나타내셨습니다. 예수님의 예루살렘 입성은 순결한 나귀처럼 겸손하게 하나님이 맡기신 사명을 완수하겠다는 선언이었습니다. 다윗 왕의 정통계보를 이은 예수님은 담대히 군중 속을 지나시며 메시아의 '때(Kairos)'가 이르렀음을 드러내셨습니다.

이처럼 예수님은 나귀를 통해 메시아의 이미지를 형상화하셨습니다. 겸손하고 담대한 메시아로 오신 예수님을 우리는 어떻게 환영해야 할까요? 종려주일을 맞는 성도는 그분을 맞이하는 자신만의 퍼레이드를 준비해야 합니다.

기도

겸손히 나귀를 타고 오신 예수님을 참된 왕으로 맞이하게 하소서. 호산나의 외침이 말에 그치지 않고 나를 내려놓고 따르는 순종의 삶으로 이어지게 하소서. 아멘.

3·30
월요일

성전, 생명의 근원

에스겔 47장 1~12절

이 강물이 이르는 곳마다 번성하는 모든 생물이 살고 또 고기가 심히 많으리니 이 물이 흘러 들어가므로 바닷물이 되살아나겠고 이 강이 이르는 각처에 모든 것이 살 것이며 (9)

성도는 성전을 떠나서 존재할 수 없습니다. 우리는 힘들고 괴로울 때마다 하나님의 성전에 나아가 눈물로 죄를 회개하며, 주의 은혜를 간구해 새 힘을 얻어야 합니다.

바벨론의 침략으로 남유다가 무너지고 예루살렘 성전이 파괴되었습니다. 백성은 포로 신세가 되어 바벨론으로 끌려갔습니다. 예레미야애가를 비롯한 여러 시편이 이 시기의 역사와 더불어 백성의 깊은 슬픔과 상실감을 생생히 전해 줍니다.

포로 생활 5년째 해에 에스겔이 하나님의 부르심을 받았습니다. 그는 고통 속에 울부짖는 유다 백성의 목소리를 들었습니다. "하나님과 언약을 맺은 약속의 땅에서 쫓겨난 우리가 여전히 선택받은 백성인가? 성전이 없는 바벨론에서 어떻게 하나님을 예배할 수 있는가? 진정 하나님이 살아 계셔서 역사를 주관하고 계시는가?" 이렇게 존재의 뿌리까지 흔들리는 그들을 위해 에스겔은 답을 찾아야 했습니다.

갈급한 에스겔에게 하나님이 환상을 보여 주셨습니다. 성전에서 흘러나온 물이 땅을 적시며 흘러 큰 강을 이루는 장면입니다. 성전 동쪽으로 흘러나온 물은 넓고 빠르게 흐르며 점점 깊어졌습니다. 처음엔 발목이 잠길 정도이더니 다음엔 무릎과 허리를 적시고 마침내 헤엄을 쳐서 건너야 하는 강이 되었습니다. 성전의 물이 이르는 곳마다 온갖 생물이 살고 번성했습니다. 사해로 흘러들어가니 죽었던 물이 되살아났습니다. 땅과 바다에 풍성한 생명의 기운이 넘쳤습니다. 이 기적적인 소성이 바로 성전에서 시작되었습니다.

에스겔 선지자가 선포한 미래의 희망은 하나님이 계신 새 예루살렘 성전에서 비롯되었습니다. 그는 성전이 생명의 근원이요, 성전에서 자신들의 역사가 다시 시작될 것이라고 외쳤습니다.

교회가 생명의 근원이 되려면 성령의 역사로 충만한 증인 공동체로 서야 합니다. 세상을 치유할 복음의 능력을 선포해야 합니다. 우리 교회가 하나님의 영광과 능력의 발원지가 되어야 합니다.

기도

성령의 생명이 우리를 통해 흘러 메마른 곳을 적시고 죽어가는 것을 회복시키소서. 모든 교회와 성도가 생명의 근원이 되어 상처 입은 세상을 치유하게 하소서. 아멘.

3·31
화요일

착한 종, 악한 종

마태복음 25장 14~30절

무릇 있는 자는 받아 풍족하게 되고 없는 자는 그 있는 것까지 빼앗기리라 (29)

예수님의 달란트 비유는 최후 심판에 대한 가르침입니다. 주인은 종들의 재능대로 달란트를 나누어 주었습니다. 그러면서 달란트 관리에 대한 지침을 주거나 책임과 의무를 규정하지 않았습니다. 이는 달란트를 맡은 종들의 몫이지 주인의 책임이 아니기 때문입니다. 그들의 자율성과 창의성을 기대하며 자기 소유를 나누어 준 주인의 모습에서 그가 인격적인 결정을 했으며 종들을 무한 신뢰했음을 알 수 있습니다.

그런데 달란트를 받은 종들의 활동 결과는 사뭇 달랐습니다. 착한 종들은 머뭇거리지 않고 활동하여 달란트를 갑절로 남겼습니다. 반면에 악한 종은 한 달란트를 그대로 가지고 와서 변명과 핑

계를 쏟아냈습니다. 더욱이 그 내용은 주인에 대한 악평이었습니다.

악한 종은 자기 생각대로 주인을 잘못 판단하고 행동한 사람입니다. 그는 주인의 뜻과 계획에 무관심하고, 자신의 안위만을 챙기며, 일하지 않고 일확천금을 꿈꾸는 사람의 표본입니다. 결국 그는 주인에게 큰 책망을 받고 쫓겨났습니다.

그리스도인은 매일의 일상에서 자신의 잠재된 재능을 계발하고, 불리한 환경을 극복하며 창조적으로 살아야 합니다. 흘러가는 세월을 염려하는 대신 오늘의 삶에 최선을 다하고, 다른 사람과 비교하며 세상을 탓하지 말고 맡겨 주신 일을 자부심을 갖고 성실히 수행해야 합니다. 이런 마음으로 일군 수고와 땀의 열매를 주님께 드리는 사람이 착한 종이요 참으로 행복한 사람입니다.

큰 것을 맡는 것이 능력이 아닙니다. 작은 것을 맡아도 성실과 열정, 창의력으로 감당하면 착하고 충성된 종이 될 수 있습니다. 자기 일터를 사랑하고, 온 마음을 다해 책임 맡은 일을 수행해야 합니다. 타율적인 종의 마음이 아니라 자율적이며 창의적인 주인의 마음으로 일해야 합니다. 착한 종과 악한 종의 차이는 일하느냐 일하지 않느냐입니다.

기도

온 맘 다해 주님이 맡겨 주신 일을 감당하게 하소서. 삶의 자리에서 열정과 최선으로 충성의 열매를 맺어 주님의 기쁨에 참여하게 하소서. 아멘.

4·1
수요일

300데나리온의 인생

마가복음 14장 3~9절
그는 힘을 다하여 내 몸에 향유를 부어 내 장례를 미리 준비하였느니라 (8)

훈민정음의 창제 원리를 설명한 책이 국보 70호인 『훈민정음 해례본』입니다. 1446년에 간행된 이 책은 세계가 한글의 우수성과 독창성을 확인하고 인정하는 근거가 되었습니다. 문창살을 본떠 만든 글자라고 폄하하던 일제의 악의적인 주장도 단번에 잠재울 수 있었습니다. 이런 귀중한 책이 약 500년 동안이나 어느 고가의 벽장 깊숙이에서 먼지에 뒤덮여 있었습니다. 그 가치와 의미를 몰랐기에 생긴 일입니다.

한 여인이 베다니 시몬의 집에서 식사하시는 예수님의 머리에 300데나리온이나 하는 향유 한 옥합을 부었습니다. 이를 본 사람들이 여인을 책망했습니다. 비싼 값에 팔아 가난한 자들을 도울 수도 있는데 왜 허비하느냐고 호통을 쳤습니다.

그들이 이렇게 반응한 이유는 여인의 행위가 어떤 의미인지 몰랐기 때문입니다. 예수님이 누구신지도, 그분의 삶과 교훈의 가치도 깨닫지 못했습니다. 그런 그들의 눈에 여인의 행동은 그저 노동자의 1년 치 품삯을 한순간에 날려버리는 헛된 일일 뿐이었습니다.

사도 바울은 이름난 가문과 풍부한 학식, 로마 시민권자라는 지위까지, 지성과 명예를 두루 갖춘 사람이었습니다. 그랬던 그가 부활하신 그리스도를 만난 후 이 모두를 배설물로 여긴다고 고백했습니다. 언제 어디서나 오직 십자가만 자랑하고, 예수의 종이 되어 온갖 고난을 겪으면서도 자족하며 기뻐하고 감사했습니다.

우리 인생은 주님을 만나느냐 못 만나느냐에 따라 가치가 달라집니다. 바울이 주님을 만나지 못했다면 그의 인생은 300데나리온을 허비하는 시간이었을 것입니다. 그러나 주님을 만나 그분을 알고 그 뜻을 깨달아 행했기에 누구보다 가치 있는 인생을 살았습니다. 300데나리온의 가치 있는 인생을 살 것이냐, 300데나리온을 허비하는 인생을 살 것이냐는 오직 나에게 달려 있습니다.

기도

내가 가진 300데나리온을 주님을 위해 드릴 수 있는 믿음을 주소서. 바울이 모든 것을 배설물로 여겼듯이 세상의 헛된 가치를 내려놓고 회개하며 주님께 나아가게 하소서. 아멘.

4·2
목요일

선한 싸움을 위해

디모데전서 6장 11~12절

믿음의 선한 싸움을 싸우라 영생을 취하라 이를 위하여 네가 부르심을 받았고 많은 증인 앞에서 선한 증언을 하였도다 (12)

사람은 평생 외적 문제보다 내적 문제로 싸우는 데 집중해야 합니다. 싸움의 대상이 타인이 아니라 내 안의 안일과 탐욕, 분노와 시기, 이기심과 명예욕 등이어야 한다는 뜻입니다. 그런데 우리는 대부분 자기 허물에 관대하기 때문에 내적 싸움에서 승리하기가 쉽지 않습니다. 양심이 마비된 사람일수록 자신에게 너그러울 뿐만 아니라 현실을 무시하거나 상황과 타협하기 일쑤입니다.

예수님이 우리에게 친히 모범을 보여 주셨습니다. 십자가의 길을 앞두고 겟세마네 동산에서 기도하시던 예수님의 내면은 치열한 전쟁터였습니다. 마태복음은 이 장면을 이렇게 기록합니다. "조금 나아가사 얼굴을 땅에 대시고 엎드려 기도하여 이르시되 내 아버지여 만일 할 만하시거든 이 잔을 내게서 지나가게 하옵소서 그러나 나의 원대로 마시옵고 아버지의 원대로 하옵소서(마 26:39)." 그리고 누가복음은 주님이 기도하실 때 땀이 핏방울같이 되어 땅에 떨어졌다고 증언합니다(눅 22:44). 이것은 주님의 내면에서 벌어진 자신과의 싸움이 얼마나 처절했는지를 보여 줍니다.

주님의 십자가 사건은 이런 내적 싸움의 승리를 통해 이루어졌습니다. 예수님이 이 싸움에서 자기를 이기고 아버지의 뜻에 순종하셨기에 빌라도를 비롯한 유대 종교 지도자들 앞에 두려움 없이 당당히 서실 수 있었습니다.

바울은 디모데에게 "믿음의 선한 싸움을 싸우라 영생을 취하라 이를 위하여 네가 부르심을 받았고 많은 증인 앞에서 선한 증언을 하였도다(딤전 6:12)."라고 권면했습니다. 또한 "악에게 지지 말고 선으로 악을 이기라(롬 12:21)."고 강조했습니다. 그런데 악과 싸워 이기려면 먼저 자기 자신과 싸워 이겨야 합니다. 악을 좇으려는 자아를 십자가에 못 박고 영원한 생명을 붙잡는 전투에 나서야 합니다. 날마다 자신을 부수는 아픔을 감내하면서 믿음의 선한 싸움을 싸우는 사람이 참 그리스도인입니다.

기도

내 안의 죄와 싸워 이겨서 참된 내적 승리를 얻게 하소서. 아버지의 뜻에 끝까지 순종하여 믿음의 선한 싸움을 싸우는 그리스도의 증인 되게 인도하소서. 아멘.

4·3 성금요일

십자가와 나의 인생

갈라디아서 6장 11～16절

그러나 내게는 우리 주 예수 그리스도의 십자가 외에 결코 자랑할 것이 없으니 그리스도로 말미암아 세상이 나를 대하여 십자가에 못 박히고 내가 또한 세상을 대하여 그러하니라 (14)

누구나 남에게 내세우고 싶은 자신만의 자랑거리가 있습니다. 사도 바울은 오직 '예수 그리스도의 십자가'만이 자신의 유일한 자랑이라고 선언했습니다. 우리에게 십자가는 어떤 의미입니까? 단순한 장식품이나 건물의 상징이 아닌 내 삶의 근원적인 자랑입니까?

기독교 신앙의 핵심은 예수 그리스도의 십자가 그 자체에 있습니다. 바울은 고백합니다. "내게는 우리 주 예수 그리스도의 십자가 외에 결코 자랑할 것이 없으니 그리스도로 말미암아 세상이 나를 대하여 십자가에 못 박히고 내가 또한 세상을 대하여 그러하니라(14)." 십자가를 자랑한다는 것은 더 이상 세상의 가치관(명예, 권력, 부)이 나를 주관하지 못하도록 그것들에 대해 '죽었음'을 선포하는 것입니다. 이것이 우리 인생에서 끝까지 놓치지 말아야 할 가장 중요한 가치입니다.

십자가는 그 의미를 모르는 사람들의 눈에는 실패와 고통의 상징처럼 보이지만, 실상은 죄인을 조건 없이 받아들이시는 하나님의 용서와 사랑의 두 팔입니다. 우리는 하늘 영광을 버리고 이 땅에 오셔서 손과 발, 옆구리에 상처를 입으신 주님의 흔적을 평생 붙들어야 합니다. 그 안에 구원과 영생이 있기 때문입니다. 그래서 사도 바울은 부활하신 주님을 만난 후 십자가 은혜를 증거하는 일을 자신의 사명으로 삼았습니다.

믿음의 사람들에게 십자가는 인생에 단 한 번 일어나는 변화의 사건이요, 평생 걸어가야 할 길입니다. 세상 사람들은 각자의 성취를 자랑할 때 우리는 나를 위해 모든 것을 내어주신 예수 그리스도의 십자가를 자랑해야 합니다. 세상에 대하여 죽고 주님의 구원하시는 은혜만을 증거하는 삶을 살아야 합니다. 십자가는 우리 삶의 근원적인 가치이자 구체적인 행동 지침입니다.

기도

세상의 헛된 자랑과 육체를 위한 삶을 내려놓게 하소서. 우리 주 예수 그리스도의 십자가만이 인생의 유일한 자랑이 되게 하소서. 평생 십자가를 전하며 살게 하소서. 아멘.

4·4
토요일

사순절의 질그릇 닦기

고린도후서 4장 7~15절

우리가 이 보배를 질그릇에 가졌으니 이는 심히 큰 능력은 하나님께 있고 우리에게 있지 아니함을 알게 하려 함이라 (7)

야고보는 인간을 안개처럼 잠깐 보이다가 사라지는 무상한 존재로 이해했습니다(약 4:14). 베드로 역시 이사야 40장을 인용하여 육체를 풀로, 그 영광을 풀의 꽃으로 비유했습니다(벧전 1:24). 사도 바울은 인간을 질그릇에 비유했습니다. 이처럼 믿음의 사람들은 인간을 유한하고 순간적이며, 불완전하고 연약한 존재로 봤습니다.

바울은 우리가 보배를 질그릇에 간직하고 있다고 했습니다. 바울이 말하는 보배는 예수님의 복음입니다. 나는 지금 나를 무엇으로 채우고 있습니까? 내가 추구하는 것, 내가 이루고자 하는 목표가 무엇인지 그 가치와 내용을 돌아봐야 합니다. 그리고 때로는 직

업과 인간관계와 기호품까지 신앙과 삶을 위해 포기해야 합니다. 물론 이 일은 너무나 어렵습니다. 그래서 마음을 다잡다가도 어느새 현실과 상황에 타협하며 스스로를 위로하고 합리화하는 일이 다반사입니다.

질그릇 같은 인생도 보배이신 예수 그리스도를 만나면 완전히 달라집니다. 그분이 질그릇 같은 우리를 새롭게 하십니다. 성도는 주님이 주시는 은혜로 삶의 변화를 경험하고 드러내야 합니다. 그런 삶을 세상에 알리는 간증과 선언의 주인공이 되어야 합니다. 이것이 질그릇 같은 사람이 보배이신 예수님을 만난 증거입니다.

바울은 연약하고 유한한 인간에게 주시는 이 귀한 복음에 감동했습니다. 그래서 예수님을 만나고 삶이 달라졌다는 간증과 선언을 언제 어디서든 외쳤습니다. 질그릇 같은 인생일지라도 포기하지 말고 예수님을 만나야 합니다. 누구든지 그리스도 안에 있으면 새로운 피조물입니다. 옛사람은 사라지고 새사람이 됩니다. 이것이 사순절에 질그릇을 닦아 새봄과 함께 보배를 담아야 할 이유입니다.

기도

질그릇 같은 우리 안에 보배로운 복음을 담아주신 은혜를 기억하며 찬양하게 하소서. 옛사람을 벗고 새사람이 되어 복음으로 변화된 삶을 기쁨으로 살아가게 하소서. 아멘.

2026년 사순절 달력

예수 그리스도를 향한 믿음과 고백이 행동으로 옮겨지면 우리 삶은 크게 성장합니다.
사순절 동안 신앙을 고백하고 실천함으로, 복음을 향한 회심과 성화를 이루길 소망합니다.

날짜	요일	내용
2.18	수	성회 수요일(사순절 시작)
2.19	목	
2.20	금	
2.21	토	
2.22	주일	사순절 제1주
2.23	월	
2.24	화	
2.25	수	
2.26	목	
2.27	금	
2.28	토	
3.1	주일	사순절 제2주
3.2	월	
3.3	화	
3.4	수	
3.5	목	
3.6	금	
3.7	토	
3.8	주일	사순절 제3주
3.9	월	
3.10	화	
3.11	수	

3.12	목
3.13	금
3.14	토
3.15	주일 사순절 제4주
3.16	월
3.17	화
3.18	수
3.19	목
3.20	금
3.21	토
3.22	주일 사순절 제5주
3.23	월
3.24	화
3.25	수
3.26	목
3.27	금
3.28	토
3.29	주일 사순절 제6주
3.30	월
3.31	화
4.1	수
4.2	목
4.3	금
4.4	토

2026 사순절 묵상집

사순절을 살면서

부활의 은혜를 준비하는 40일

펴낸날 2026. 1. 26.
펴낸이 김정석
엮은곳 기독교대한감리회 교육국
지은이 유영설
펴낸곳 기독교대한감리회 도서출판kmc
서울특별시 종로구 세종대로 149 감리회관
대표전화 02-399-2008 팩스 02-399-2085
http://www.kmcpress.co.kr
등 록 제2-1607호(1993. 9. 4.)
디자인·인쇄 디자인통

ISBN 978-89-8430-176-4 03230

Happy
Easter

부활절을 맞이하여

하나님의 은혜가

예수 그리스도를 사랑하는 이들에게

함께하시기를 기원합니다.